CRISIS GOLD

KIKI TO GOLD by Etsusuke Masuda

Copyright © 2011 by Etsusuke Masuda
All rights reserved.
No part of this book may be used or reproduced in any manner whatsoever without written permission except in the case of brief quotations embodied in critical articles and reviews.
Originally published in Japan by TOYO KEIZAI INC.
Korean translation copyright © 2012 by Dasan Books Co., Ltd.
Korean edition is published by arrangement with TOYO KEIZAI INC. through BC Agency.

이 책의 한국어 판 저작권은 BC 에이전시를 통한 저작권자와의 독점 계약으로 다산북스에 있습니다.
저작권법에 의해 한국 내에서 보호를 받는 저작물이므로 무단 전재와 복제를 금합니다.

CRISIS

세계 1% 투자자들만 알고 있는 금에 대한 비밀

위기와 금

GOLD

마스다 에츠스케 지음 | 김정환 옮김 | 이지평 감수

머리말

금 투자라고 하면 왠지 도박성이 매우 강한 투자라고 생각하는 사람이 많다. 잘하면 큰돈을 벌 수 있지만 잘못하면 깡통을 차는 '모 아니면 도' 식의 투자 대상이라는 인식 말이다. 그러나 이것은 실제 금 투자와는 전혀 다르다. 사실 금은 다른 금융 상품보다 가격변동성(Volatility)이 낮은 투자 대상이다. 그리고 일반적으로 인플레이션에 강한 투자 대상은 디플레이션에 약하며, 디플레이션에 강한 투자 대상은 인플레이션에 약한 경향이 있는데, 유독 금만큼은 인플레이션일 때나 디플레이션일 때나 양호한 수익률을 보인다. 또한 사람들이 막연하게 생각하는 것과 달리 금은 장기간 동안 급등락을 하지 않는다. 일단 하락 국면에 접어들면 상당히 장기간에 걸쳐 완만하게 하락세가 지속되며, 반대로 상승 국면에 들어가면 역시 장기간에 걸쳐 완만하게 상승세가 계속된다. 따라서 금은 초보자에게 알맞은 가격 추이를 보이는 투자 대상이다.

이 책을 쓰면서 나는 금이 위기에 왜 강한지 전혀 수식을 사용하지 않고 설명하는 데 가장 많은 힘을 쏟았다. 또한 그럼에도 금 투자를 망설이게 하는 오해가 세상에 확산된 이유는 무엇인지에 대해 내 나름의 생각을 정리했다.

그 다음에는 최근 현대 사회를 혼란에 빠뜨리는 금융 업계의 문제에 관해서도 그 이유를 밝히려고 노력했다. 결론은 지금의 혼란은 금융계 곳곳에 무한대라는 이름의 괴물이 살고 있기 때문이라는 사실이다. 이 상태를 근본적으로 개선하려면 이전의 금본위제와 같이 통화 공급(Money Supply)을 유한(有限)이라는 닻에 연결해야 한다. 그리고 마지막으로 금 투자를 생각할 때 주의해야 할 사항을 구체적으로 정리했다. 독자는 이 책에서 흥미로운 역사와 객관적 통계를 통해 세계 경제의 진실과 위기에 강한 투자법을 접하게 될 것이다.

그러면 지금부터 본론으로 들어가보자.

2011년 5월
마스다 에츠스케

목차

머리말 ··· 4

제1장 사람들은 왜 위기 때마다 금을 찾을까 ············· 10

경제 위기 때, 우리의 돈은 어떻게 될까 • 13 | 계속되는 인플레이션 • 15 | 금은 인플레이션에 강하다 • 19 | 금은 디플레이션에도 강하다 • 20 | 인플레이션일 때, 디플레이션일 때의 금 투자 법칙 • 21 | 인플레이션일 때 무조건적인 금 투자는 위험하다 • 23 | 디플레이션일 때도 금값은 오른다 • 24 | 경제 위기일 때 금값이 오르는 이유 • 27 | 금 투자는 '금융 시스템의 위기'에 대한 헤지 • 29 | 금본위제는 잊어라 • 31 | 언제 어디서든 금은 통한다 • 32 | 그 외 후보는 없다 • 33 | 위기에는 뭐니뭐니해도 유동성이다 • 34

제2장 그림으로 살펴보는 금 투자의 매력 ············· 36

자산의 모래시계 • 39 | 금값은 안정적으로 오른다 • 41 | 원자재 상품은 인플레이션 헤지에 적합하지 않다 • 43 | 채권으로는 위기를 극복할 수 없다 • 44 | 투자 대상이자 소비 대상인 금 • 48 | 금만이 지닌 안전장치 • 50 | 금융시장에 있는 '무한대'라는 괴물 • 52 | 커다란 꼬리가 개를 휘두르고 있다 • 54 | 금 현물시장은 매우 안정적이다 • 56 | 행방불명이 된 금은 고작 2퍼센트 • 58 | 적정가격을 스스로 만드는 금시장 • 59 | 지금의 금값은 거품이 아니다 • 61 | 앞으로 금값은 오를까? 떨어질까? • 64 | 종이돈 믿지 마라 • 67

제3장 거품이 아니다 ················· 70

6,000년이나 가격 거품이 있었다고?·72 | 원자재로서 금 수요는 안정적이다·74 | 최고(最古)·최장(最長)의 경제 통계로 살펴보는 금값 동향·77 | 원자재로서 은 수요가 금 수요보다 더 많다·80 | 6,000년간 금값이 은값보다 높은 수준을 유지한 이유·82 | 경제 위기에 금·은 가격은 어떤 추이를 보일까·85 | 금값이 하락할 때도 있었다·87 | 금값도 수요와 공급에 따라 변한다·89 | 담배나 모피가 화폐로 사용되기도 했다·91 | 귀금속본위제의 시대에는 인플레이션도 디플레이션도 계속되지 않았다·93 | 디플레이션이 나쁜 것만은 아니다·95 | 폴 크루그먼은 틀렸다·98 | 대공황의 진실·99 | 디플레이션이 정말 경제를 위축시켰을까·101 | 저축은 오답, 소비가 정답?·102 | 대공황일 때 무슨 일이 일어났던 것일까·104

제4장 금본위제 붕괴의 진실 ················· 108

The Good Old Days·111 | 금본위제는 두 가지 단계로 실시되었다·114 | 전쟁의 승리에서 비롯된 금본위제 도입·117 | 제1차 세계대전 이후 금본위제의 변화·119 | 일본의 금본위제·121 | 금본위제 복귀가 일본의 국제경쟁력을 높였다·123 | 일본의 결정적 실수·125 | 영국과 프랑스의 금본위제 복귀와 그 영향·127 | 제2차 세계대전 이후의 통화사(史)·130 | 드

골은 군함을 파견하여 미국에 금태환을 요구했다・134 | 실패로 끝난 드골의 도전・136 | 그들은 왜 금을 방출하기 시작했을까・137 | 헌트 형제의 은 매점・138 | 융통성이 없는 금・141 | '융통성 없음'은 통화의 소재로 매우 적합한 성질・145 | 불환지폐제에서는 근본적인 문제를 해결할 수 없다・146 | 달러 가치는 계속해서 하락하고 있다・149 | 금 수요는 역시 증가하고 있다・151 | 금 공급, 큰 문제 없다・153 | 디플레이션일 때 금 생산이 확대된다・155 | 콜럼버스도 금을 찾아 떠났다・157 | 대공황 시대에도 금광은 발견됐다・161 | 채굴법 개발로 증가하는 금 생산량・162 | 금 생산에는 이중, 삼중의 자동제어장치가 있다・164 | 하이퍼인플레이션의 발생 원인・166 | 금 생산을 늘리면 고용도 소비도 늘어난다・167 | 선택은 하나다・170

제5장 금시장과 음모세력 ······ 174

정말 금시장에는 음모세력이 있는 걸까・176 | 금 매점 가능할까・179 | 금을 매각한 각국의 중앙은행・182 | 워싱턴 협정의 진짜 목적은 매각 카르텔・183 | 계속되는 꼼수・186 | 대형 금융기관의 금 매각・188 | 매도 공세를 펼친 금융기관의 비극・190 | 대형 금광회사의 금 선물 매도도 실패로 끝났다・192 | 금시장에서는 조작이 통하지 않는다・194 | 음모세력이 실패한 이유 1・196 | 음모세력이 실패한 이유 2・198 | 금 앞에서는 만인이 평등하다・199 | 지적 엘리트들이 문제다・202

제6장 세계 경제와 금 투자 · · · · · · · · · · · 204

금을 향한 집착은 인류의 전통·207 | 금에 대한 집착이 없는 일본·210 | 금을 대하는 일본의 자세와 그 효과·213 | 엔화 가치는 지속적으로 상승했다·215 | 일본은 어떻게 미국과 유럽에 비해 금융위기를 잘 넘겼을까·218 | 실수를 분석하기 시작한 미국과 유럽·220 | 금준비를 늘리는 나라들·222 | 금을 헐값에 처분했다가 낭패를 본 유럽·226 | 미국의 이기주의는 계속된다·227 | 국민들의 노력을 미국에게 선물할 필요는 없다·228 | 환율 개입에 실패한 일본 정부·230 | 엔화 강세 속에서도 경상수지 흑자를 유지한 일본·232 | 통화 절하 경쟁은 자국민을 궁핍하게 만든다·234 | 중국뿐만 아니라 미국도 저가 경쟁에 돌입했다·236 | 아담 스미스의 이상에 가까운 나라·238 | 일본 경제의 장점·243 | 자국 통화 가치가 떨어진다면 어떻게 해야 할까·245

제7장 금 투자 입문 · · · · · · · · · · · 250

금 투자의 대표는 역시 금 현물이다·252 | 은의 투자 가치·255 | ETF는 어떨까·258 | 금광주 개별 종목의 투자 가치·260

- 후기 · · · · · · · · · · · 266
- 참고 문헌 · · · · · · · · · · · 268

1장

CRISIS GOLD

사람들은 왜
위기 때마다 금을 찾을까

　금에 투자할 때 사람들이 절대 잊지 말아야 할 것은 무엇일까? 바로 '위기일수록 금'이라는 사실이다. 물론 정치 위기, 사회 위기, 외교 위기, 군사 위기, 경제 위기, 금융 위기 등 위기에도 여러 가지가 있다. 이 책에서 말하는 위기는 주로 경제 위기와 금융 위기다. 다만 어느 시대든 경제활동은 인간 생활의 기반이므로 경제가 위기에 처하면 다른 분야에도 심각한 영향을 끼친다. 정치 위기라든가 사회 위기 같은 것을 실감하지 못하고 남의 일인 양 구는 사람도 의외로 많지만, 경제 위기의 여파를 피할 수 있는 사람은 거의 없다. 그러므로 경제 위기는 매우 중요한 현상이라고 할 수 있다.

　이제 이야기를 경제 위기, 금융 위기로 한정해보자. 사람들은 대체 언제 경제 시스템이나 금융 시스템이 위기에 빠졌다고 실감할까? 그 기준은 사람마다 조금씩 다를 것이다. 하지만 자신이 일상적으로 사용하는 돈(화폐)의 가치에 의문을 품게 된 상황이라면 위기라고 생각해도 맞지 않을까?

  사람들이 돈의 가치에 의문을 품으면 인플레이션(Inflation) 또는 디플레이션(Deflation)이 일어난다. 돈의 가치가 점점 떨어져 상품의 가격이 오르는 것이 인플레이션이고, 그와 반대로 점점 돈의 가치가 올라서 상품의 가격이 떨어지는 것은 디플레이션이다. 이런 경제 위기에는 돈에 투자해서 수익을 본다는 것 자체가 어렵다. 돈 자체의 가치가 흔들리기 때문이다. 그런데 인플레이션이 되든 디플레이션이 되든 반드시 양호한 수익률을 보이는 자산이 있다. 바로 금이다. 돈의 가치에 심각한 의문이 느껴질 때에는 가장 먼저를 금을 떠올려야 한다. 금에 투자해놓으면 거의 예외 없이 자신이 가지고 있는 자산의 가치를 지킬 수 있다.

경제 위기 때, 우리의 돈은 어떻게 될까

일반적으로 경제 전체가 인플레이션이나 디플레이션 상황에서 확실히 성공하는 투자는 없다. 대체로 인플레이션 대책으로 효과적이면 디플레이션에 약하며, 디플레이션 대책으로 효과적이면 인플레이션에 약하기 마련이다. 그런데 금 투자는 인플레이션과 디플레이션에 모두 강하다는 특징이 있다. 이것은 다른 자산에서는 볼 수 없는 고유한 특성이다.

  그렇다면 왜 금 투자는 인플레이션과 디플레이션에 모두 강한 것일까? 지금부터 차근차근 설명하도록 하겠다.

예로부터 화폐, 즉 돈에는 세 가지 주요 기능이 있다고 알려져 왔다. 첫째는 교환의 매체다. 물물교환의 시대에는 자신이 원하는 것과 상대방이 원하는 것이 일치할 때 서로 만나야 거래가 이루어지는 어려움이 있었다. 설령 그런 사람을 만나더라도 교환 조건을 절충하는 일 또한 쉽지 않았다. 그런데 자신이 가지고 있는 물건을 팔아서 먼저 돈을 손에 넣고 그 돈으로 자신이 원하는 물건을 산다면, 교환 상대를 물색하고 조건을 교섭하는 시간과 노력을 크게 줄일 수 있다.

둘째는 가치의 척도다. 얼마의 돈을 내야 어떤 물건을 얼만큼 손에 넣을 수 있는지 측정하는 기준이 있으면, 물건의 가치를 비교하기가 쉬워진다. 즉 돈을 공통의 잣대로 삼아 물건의 가치를 비교하는 것이다. 예를 들어 사과와 컴퓨터를 어느 정도의 비율로 교환해야 공평한지는 각각의 가격을 비교하면 금방 알 수 있다.

셋째는 가치 저장의 수단이다. 지금 당장 사용할 일이 없는 재산을 모을 때 어떤 것이 보관에 가장 적합할까? 무엇이 됐든 모든 사람이 항상 원하고 사라지지도, 줄어들지도, 상하지도 않는 물건이 가장 좋을 것이다. 또한 실수로 불타거나 잘게 찢어지면 가치가 사라지는 지폐보다 묵직한 귀금속으로 만든 화폐가 가치를 지키기 수월한 것도 사실이다.

경제 위기, 금융 위기의 시대에 돈은 교환 매개체로서의 기능을 잃지 않는다. 그러나 '가치의 척도'로서의 신용은 흔들릴 때가 종종 있다. 예를 들면 고대에서 중세로 전환되던 6~8세기를 들 수 있다. 이때 유럽의 왕국들은 빈번히 화폐를 개주했는데, 그때마다 화폐에 들어가는 금이나 은의 양을 줄였기 때문에 고질적인 인플레이션이 발생했다. 이때의 현상을 두고 화폐 경제에서 물물교환 경제로 역행했다는 설이 있는 것을 보면, 화폐가 가치의 척도로서 기능을 다하지 못하면 경제를 큰 혼란 속에 빠뜨릴 수 있다고 보여진다. 이것은 어쩌면 문명의 위기라고 부를 수 있을 만큼 심각한 경제 위기가 발생하면 화폐 경제에서 물물교환 경제로 퇴행할 가능성이 있다는 의미인지도 모른다.

다만 과거와는 비교할 수 없을 정도로 물건과 서비스의 종류가 늘어난 현대 사회에서 물물교환을 하는 시대로 역행하는 것은 비현실적인 이야기이다. 또, 교환의 매개체로서 돈의 기능이 부정되는 사태는 거의 일어나지 않을 것이다. 그러나 인플레이션이나 디플레이션이 계속되면 가치의 척도라는 역할에는 심각한 의문이 생긴다. 돈의 가치가 떨어지면 각종 물건의 가격을 결정하는 단위길이가 점점 줄어들고 돈의 가치가 높아지면 단위길이가 점점 길어지기 때문이다.

계속되는 인플레이션

지극히 상식적으로 판단할 때, 척도는 늘어나거나 줄어드는 일 없이 언제 재더라도 같은 길이로 판단할 수 있어야 한다. 특히 돈의 세 번째 기능인 가치 저장의 수단이라는 측면에서는 척도가 점점 줄어들어서는 곤란하다.

[그림 1-1]은 20세기를 거치며 1달러의 구매력, 즉 가치가 얼마나 줄어들었는지 보여주고 있다. 이 그래프는 미국의 중앙은행에 해당하는 연방준비제도이사회(Frderal Reserved Board: FRB, 이하 연준위)가 발족한 1913년 당시 1달러의 구매력을 1로 놓았을 때 표면적으로는 똑같은 1달러 지폐의 가치가 시간의 흐름에 따라 얼마나 떨어졌는지를 보여준다. 먼저 검은선을 보기 바란다. 이 그래프에서 마지막 해에 해당하는 2010년에는 1달러의 가치가 1913년의 1에 비해 0.045까지 하락했다. 거꾸로 말하면 1913년의 1달러는 현재의 22달러 이상의 가치가 있었던 셈이다. 제1차 세계대전 중의 인플레이션기에 0.5 이하로 떨어졌던 1달러의 가치는 1930년대 대공황기의 디플레이션으로 0.75가 넘는 수준까지 상승했다. 그러나 제2차 세계대전 후, 특히 1970년대 이후에는 상당히 높은 수준의 인플레이션이 계속되어 달러의 가치가 감소했다.

그래프의 검은선만을 보면 최근 들어 달러 가치의 감소세가 완만해진 듯 보인다. 그러면 이번에는 회색선을 보기 바란다. 이 선은 검은선을 로그로 표시한 것으로 그래프의 기울기, 즉 감소율을 나타낸다. 이 회색선을 보면 1970년대 이후 인플레이션에 따른 달러 구매력이 1960년대보다 훨씬 심각하게 줄어들었음을 알 수 있다.

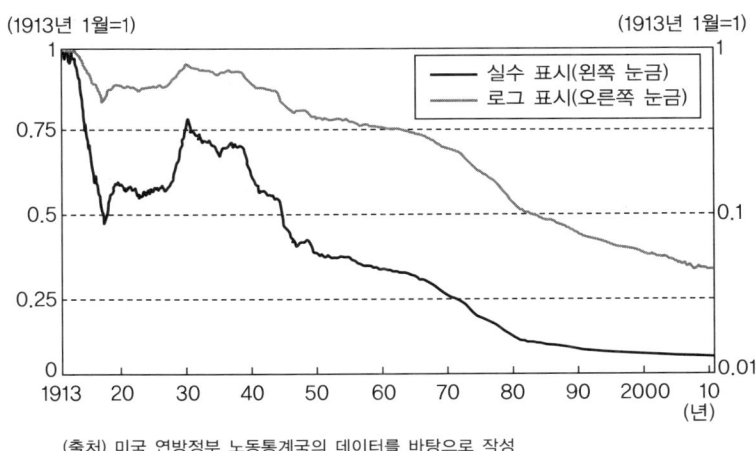

[그림1-1] 1US달러 지폐의 구매력(1913~2010년)

(출처) 미국 연방정부 노동통계국의 데이터를 바탕으로 작성

 이러한 만성적인 지폐의 구매력 저하, 즉 인플레이션이 계속되는 상황에서 가치 저장의 수단으로 달러 지폐를 선택한다면 어떻게 될까? 가령 1971년부터 지금까지의 실적을 기준으로 볼 때 흔히 장롱예금이라 하는, 집에 묵혀 놓은 달러 지폐는 매년 약 4.4퍼센트씩 가치가 떨어졌다. 따라서 만약 당장 사용하지 않고 미래를 위해 보관하고 싶은 돈이 있으면 이자로 수익을 내지는 못하더라도 가치 감소를 막기 위한 방법을 궁리해야 한다. 이자율이 괜찮은 편이지만 물가상승률만큼 높지는 않은 은행 예금을 선택해 약간의 가치 감소를 감수할지, 미국 국채나 일류 기업의 회사채처럼 안정성이 매우 높으면서 물가상승률보다 높은 확정금리 상품을 선택할지, 위험이

크지만 고수익이 기대되는 주식이나 상품, 부동산과 같은 대상에 투자할지 끊임없이 고민해야 한다.

그러나 일본은 미국과는 현저히 다른 모습을 보이고 있다. 미국은 만성적인 인플레이션으로 가치보전을 위한 투자를 끊임없이 고민해야 하지만 일본은 1990년 중반 이후부터 완만한 디플레이션이 계속되고 있다. 현금을 그냥 가지고 있어도 조금씩 가치가 상승하는 것이다. 따라서 이 환경에 익숙해진 일본인들은 어지간한 자산가가 아니라면 무엇에 투자해야 할지 절박하게 고민하지 않는다. 미국은 금융업이 경제 전체에서 엄청난 비중을 차지하지만 일본은 그렇지 않은 점도 두 나라의 투자 태도에 어느 정도 영향을 미쳤을 것이다.

어쨌든 우리가 사용하는 지폐 형태의 돈은 그냥 가지고 있기만 할 때는 가치 저장의 수단으로써 적절하지 않다는 심각한 결함이 있다. 화폐 경제의 역사를 되돌아보면 지폐가 언제나 똑같은 척도를 유지하지 못한다는 것이 더 명확히 드러난다. 특히 어떤 가치를 유지할 수 있는 자산과의 연결이 완전히 끊어진 불환지폐(不換紙幣)는 이러한 경향이 더욱 크다. 불환지폐란 은행이나 중앙은행에 가져가도 액면에 상응하는 무게의 금이나 은으로 바꿔준다는 보증이 없는 지폐를 뜻한다. 반면 겉모습은 똑같은 지폐라도 은행이나 중앙은행에서 결정한 교환비율에 따라 금이나 은으로 바꿔준다는 보증이 있는 지폐는 태환지폐(兌換紙幣)라고 부른다.

[표1-1] 인플레이션을 헤지한다: 소비자 물가지수 대 금가격

금 구입 시기	금을 구입한 이후의 소비자 물가지수 변화율(%)	금을 구입한 이후의 금가격 변화율(%)	소비자 물가지수 변화율에 대한 금가격 변화율의 배율
1955년 1월	808.3	3129.5	3.87
1970년 1월	476.9	3113.9	6.53
1975년 1월	320.1	514.8	1.61
1980년 1월	185.0	143.8	0.78
1985년 1월	105.4	254.2	2.41
1990년 1월	71.8	176.3	2.45
1995년 1월	44.5	197.8	4.44
2000년 1월	28.5	298.5	10.46
2005년 1월	13.3	155.6	11.74

■ 해당 연월에 금을 구입해 2009년 12월 말까지 보유했을 때의 수익을 나타낸다.
(출처) 블로그 'USA GOLD' 2010년 2월 8일 기사를 바탕으로 작성.

금은 인플레이션에 강하다

이번에는 미국 달러의 지속적인 가치 감소가 있는 동안 금가격은 어떤 움직임을 보였는지 살펴보자. [표1-1]은 1955년부터 2009년 12월까지 그해 1월에 금을 샀을 경우 금가격과 소비자 물가지수가 어떻게 변했는지를 정리한 것이다. 다른 시기에는 큰 차이로 금가격 상승률이 물가상승률을 웃돈 것에 비해 9회 중 단 1회, 1980년 1월은 금가격보다 소비자 물가지수가 185퍼센트로 더 크게 올랐다. 1980년 1월은 20세기 최대의 귀금속 인플레이션이 있던 시기였다. 이 무렵 금가격은 트로이온스(1트로이온스=약31그램)당 850달러라는 엄청난 기록을 세웠고, 그것은 지금의 달러 가치로 환산하면 약

2,000달러에 달한다. 이렇게 고가였을 때 금을 샀다면 물가상승률 이상의 이익은 내기 힘들었을 것이다.

그러나 1975년 1월에 구입한 경우 약 1.6배에 머무른 것을 제외하면, 나머지 시기의 어떤 시점에 금을 샀더라도 물가상승률보다 2.4배가 넘는 이익을 낼 수 있었다.

금은 디플레이션에도 강하다

조금이라도 금 투자에 흥미가 있는 사람이라면 구구절절이 설명하지 않더라도 금이 인플레이션에 강하다는 사실은 알고 있을 것이다. 그러나 여기까지만 알고 가장 중요한 것은 모르고 있는 사람이 많다. 인플레이션일 때 금은 좋은 투자 대상이지만 재빠른 판단이 요구되는 어려운 투자 수단이라는 점이다. 또 금은 디플레이션일 때도 양호한 수익을 내는 투자 수단으로 안심하고 오래 보유할 수 있다는 사실이다.

[표1-1]의 마지막 두 줄을 다시 살펴보기 바란다. 이전년도에 비해 물가상승률은 저하됐고 금가격은 지속적으로 상승했다. 2000년 1월에 금을 샀든 2005년 1월에 금을 샀든 물가상승률의 10배가 넘는 수익을 얻을 수 있었다. 사실 2000년은 IT버블 붕괴가 있던 때로, 이 시점에 이르자 만성적인 인플레이션을 지탱해오던 금융 열풍이 수그러들었다. 지나치게 늘어난 통화량에 기업과 가계가 거부반응을 일으킨 것이다. 정부와 중앙은행이 돈의 공급을 아무리 늘려도

통화 공급 전체는 늘어나지 않고 물가상승률은 저하되는 등, 디플레이션 조짐이 나타나고 있었다. 그런 때에도 금가격은 올랐다.

디플레이션일 때 가치가 오르고 있는 돈(금융자산)을 풀고 물건(실물자산)을 사모으는 것은 분명 치명적인 행위다. 그러나 금이라는 실물자산은 다르다. 디플레이션일 때일수록 금은 진정으로 믿을 수 있는 '무국적 통화'로서 매입된다. 지폐와는 달리 인플레이션일 때도 가치가 하락하지 않고, 디플레이션이 되면 지폐보다 가치 상승률이 높은 가장 믿음직한 통화로 부각되기 때문이다.

인플레이션일 때, 디플레이션일 때의 금 투자 법칙

금 투자의 세계에는 여러 가지 독특한 격언이 있다. 그중에서도 가장 인상적인 격언으로 '인플레이션일 때는 단기 매매, 디플레이션일 때는 장기 투자'를 꼽고 싶다.

기존에 있는 금 투자 입문서를 보면 왜 앞으로 인플레이션이 될 것이냐는 데 중점을 두고 논리를 전개한다. 그래서 그런 책에 익숙한 사람들은 디플레이션일 때도 금가격이 오른다는 사실을 말해주면 금시초문이라며 깜짝 놀란다. 역사적으로 실증된 사실인데도 말이다.

[그림1-2]는 1972년부터 2010년까지 미국의 물가상승률과 트로이온스당 금가격을 대비한 것이다. 미국 경제는 1970년대의 스태그플레이션(Stagflation, 높은 실업률과 인플레이션의 병존)에 이어 두 차

[그림1-2] **금가격과 물가상승률(1972~2010년)**

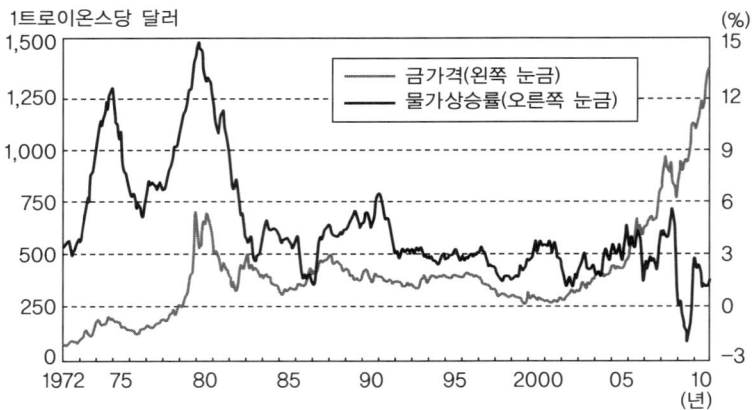

■ 물가상승률은 소비자 물가지수 전년 동기 대비 상승률.
(출처) MeasuringWorth.com 미국 연방정부 노동통계국의 데이터를 바탕으로 작성.

례에 걸친 석유 파동으로 물가가 급등했다. 그 결과 1970년 말부터 1980년대 초반까지 12~15퍼센트의 비정상적인 인플레이션을 경험했다. 이때, 금가격은 확실히 상승했고 1980년 1월에는 이후 25년 이상에 걸쳐 깨지지 않았던 트로이온스당 850달러라는 사상 최고가를 순간적으로 기록하기도 했다. 이 해 1월의 금가격은 비록 1개월 동안이기는 하지만 월간 평균 700달러에 가까운, 당시로서는 놀라운 수준을 유지했다.

그런데 이 그래프에서 금가격 동향을 살펴보면 1979년 중반부터 급상승하기 시작한 금가격은 1980년 1월에 정점을 찍은 이후 1982년 초엽에는 급격한 하강 곡선을 그렸다. 상승했을 때와 비슷한 수준으로 단 2년 만에 급격히 하락한 것이다. 이 상황에서 금가격이 정점을 찍기 전에 금을 매입하고 가격이 떨어지기 전에 팔아치우는 데 성공한 투자자가 과연 몇 명이나 있을까? 이렇듯 인플레이션에는 금가격이 언제 어떻게 될지 모른다. 투자 대상으로서는 재빨리 매입했다가 재빨리 손을 털 수 있는 단기 매매형의 전문 트레이더에게 적합한 시장임을 알 수 있을 것이다. 아니, 대량의 자금을 순식간에 동원할 수 있는 전문 트레이더도 타이밍을 조금만 놓치면 허무하게 돈을 날려버리게 되는 투자 대상이다. 실제로 이런 쓰라린 경험을 한 트레이더들은 이후 금가격이 조금만 오르면 즉시 선물로 매도하여 참패를 거듭하는 경우가 적지 않다.

인플레이션일 때 무조건적인 금 투자는 위험하다

그러면 디플레이션일 때의 금가격 상승 속도는 인플레이션 때와 얼마나 차이가 있을까? 1970년을 기점으로 1980년 1월에 천장까지 상승한 금가격과 1999년을 기점으로 지금까지 상승 중인 금가격을 비교하면서 확인해보자.

　1970년대의 금가격(미국 달러 표시)을 보면, 1979년 금가격은 1970년에 비해 약 8.5배나 비싼 모습을 보였다. 10년 동안에도 놀라운 상승세를 보였으나, 본격적인 급등세는 사실 1979년부터 시작되었다. 1980년까지 겨우 1년 사이에 10년 전 대비 약 8.5배에서 약 16.8배로 치솟은 것이다. 어지간히 기민하게 움직이는 투자자가 아니면 적절한 시점에 이익을 내고 매각할 수 없었을 것이다. 그에 비하면 1999년부터 2009년까지 11년 동안에는 금가격이 약 3.5배밖에 상승하지 않았다. 이 시기의 금가격은 디플레이션형으로 시간의 흐름에 따라 서서히 상승했다. 경제가 디플레이션일 때는 안전성을 선호하는 경향이 강해진다. 이에 따라 전 세계의 거의 모든 통화보다 안전하다고 간주되는 미국 달러의 가치가 상승한다. 그러나 이 시기에 금은 달러보다 더 큰 폭으로 가격이 상승한다. 이유는 간단하다. 달러보다 금이 더 안전성이 높은 자산이기 때문이다.

2010년 봄까지, 많은 사람들이 '세계 경제는 미국 연준위와 각국 중앙은행이 통화 공급을 확대함으로써, 금융 공황의 사태에 이르는 것을 막고 곧 세계 경제를 회복세로 돌아서게 할 것이다. 앞으로는 인플레이션이 지속될 것'이라고 주장했다. 그러나 지금은 누구도 글로벌 금융 위기의 중심에 있음을 부정하지 않는다.

그러니 태연하게 인플레이션 시기이니 금을 사라는 사람이나 그런 주장을 하는 책이 있다면 일단 의심해보기 바란다. 그리고 주의하라. 1980년 전후의 금가격처럼 인플레이션일 때의 금가격은 가격 변동이 빠르고 예측이 어렵기 때문에 투자가 어렵다. 다시 말해 한방에 평생 모은 우리의 귀중한 자금을 날려버릴 수도 있다.

디플레이션일 때도 금값은 오른다

한편, 2005년 이후 4~5년 동안 금가격은 매우 서서히 상승했다. 디플레이션일 때 금은 높은 가격을 안정적으로 유지하면서 한 계단 한 계단 오르듯 상승하는 경향을 보인다. 이런 가격 추이라면 느긋하게 기다리는 장기 투자가 가능하다. 초보자에게도 적합한 장세라는 뜻이다.

경제가 디플레이션일 때 금 투자가 수익성이 좋다는 사례는 또 있다. 미국이 탄생한 지 240년에 가까운 세월이 흘렀다. 이 긴 역사 속에서 지속적인 디플레이션의 시대는 단 세 번밖에 없었다. 1814~1830년, 1864~1897년, 1929~1933년이다. 최초의 1814~1830년에는 금가격이 100퍼센트, 은가격은 89퍼센트 상승했는데 상품가격은 50퍼센트 하락했다. 1864~1897년에는 금가격이 40퍼센트 상승하고 은가격이 27퍼센트 상승한 데 비해 상품가격은 65퍼센트 하락했다. 그리고 1929~1933년에는 금가격만이 44퍼센트 상승했으며, 은가격은 5퍼센트, 상품가격은 31퍼센트 하락했다. 미국 건국 이래 심각한 디플레이션이 계속된 시기는 불과 세 번밖에 없었는데, 이 시기에 금은 모두 큰 폭으로 상승했다.

게다가 2008년의 서브프라임 모기지 사태 이후 미국은 역사상 네 번째의 심각한 디플레이션에 돌입하려는 분위기가 농후하다. 심각한 디플레이션 시대에는 주가가 큰 폭으로 하락하는데, 주가지수가 트로이온스당 금가격에 비해 어떻게 움직이는지 살펴보면 흥미로운 사실을 알 수 있다. 과거의 경험을 종합하면 디플레이션일 때, 주식시장이 바닥을 치면 다우존스 평균지수는 트로이온스당 금가

[그림1-3] 다우존스 평균 주가와 금가격의 배율(1900~2009년)

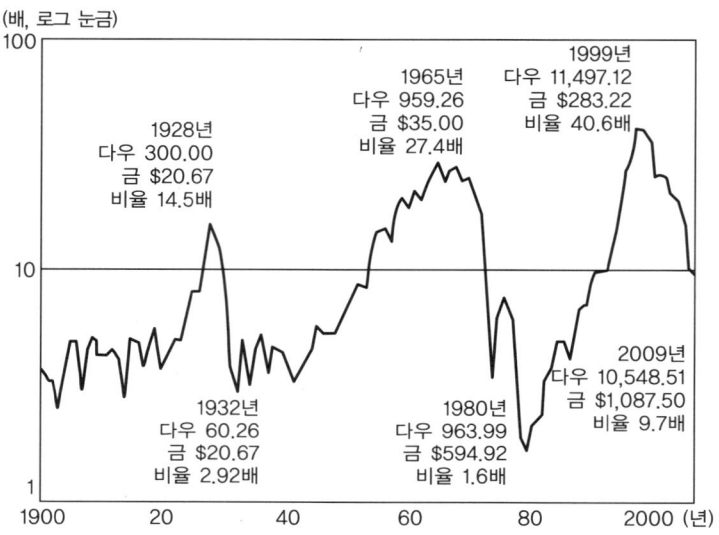

(출처) 블로그 'The Burning Platform' 2010년 9월 1일 기사를 바탕으로 작성.

격의 1~3배까지 하락한다는 사실이다.

반면 현재까지 금가격은 큰 폭으로 상승했음에도 불구하고 다우존스 평균지수의 8분의 1, 9분의 1 수준을 보이고 있다. 이것은 금가격이 더 상승할 여지가 있거나 다우존스 평균주가가 더 하락할 여지가 있다는 것을 암시한다.

[그림1-3]을 보자. 1928년의 14.5배라는 산과 쌍을 이루는 골짜기는 1932년의 2.92배였다. 1965년의 27.4배와 쌍을 이루는 골짜기는 1980년의 1.6배로 진폭이 확대되었다. 산이 높으면 골짜기가

깊다는 격언을 바탕으로 앞으로의 동향을 전망하자면, 1999년의 40.6배와 쌍을 이루는 골짜기는 1.6배 이하일 것으로 예상된다.

지금 우리가 보고 있는 금가격은 급등했다 싶으면 어느 순간 급락하는, 초보자는 손을 대기 어려운 인플레이션형 패턴이 아니라 안심하고 장기 투자할 수 있는 완만한 상승 곡선을 그리고 있다. 따라서 어려운 시기일수록 보유한 재산의 가치를 지키면서 수익을 올리는 투자 대상으로 금을 추천한다. 다만 '인플레이션일 때는 단기 매매, 디플레이션일 때는 장기 투자'라는 것을 유념하라. 이것만 제대로 알고 있어도 금 투자를 오랫동안 해온 미국의 투자자들과 어깨를 나란히 할 수 있을 것이다.

어쨌든, 세상이 전부 디플레이션을 향하고 있을 때 '금'을 기억해야 한다. 금을 선택하면 다른 금융 상품을 사는 것보다 투자 효율이 좋아진다. 게다가 예상이 빗나가 경제가 인플레이션으로 흘러가더라도 최소한 자산 가치를 보전할 수 있다. 만약 예상이 적중해 디플레이션 시대가 찾아온다면 사놓은 금은 그대로 가지고만 있어도 장기적으로 완만한 상승 기조를 유지할 것이다. 결국 금은 어떤 위기에도 안정적인 수익을 내는, 초보 개인 투자자가 손대기 쉬운 투자 대상이다.

경제 위기일 때 금값이 오르는 이유

인플레이션일 때 단기 매매, 디플레이션일 때는 장기 투자라는 것을 기억하는 것도 좋지만 그 이유를 이해하는 것이 더 중요하다. 왜 금가격은 인플레이션일 때는 급상승했다가 급하락하며, 디플레이션일 때는 한 계단 한 계단씩 천천히 안정적으로 상승하는지 알아야 실제 투자에서 대응 방법을 찾을 수 있기 때문이다.

결론부터 말하면 금가격 상승의 원인은 금광 경영의 수익성에 있다. 금가격은 금광 경영의 수익성이 개선되는지, 악화되는지에 따라 오름세가 달라진다. 즉, 인플레이션에서나 디플레이션에서 금가격이 상승한다는 부분에서는 공통점이 있을지 모르나 금광 경영의 채산성은 정반대라는 말이다.

먼저 인플레이션일 때 금가격 상승을 생각해보자. 금광 경영은 바위산을 깎거나 깊은 갱도를 파서 대량의 암석을 운반한다는 의미에서 토목공사업을 경영하는 것과 같다. 또 그 암석을 대량으로 빈번하게 운송한다는 의미에서는 운송업이기도 하다. 이런 작업에는 타이어 하나의 지름이 단독 주택 높이와 맞먹는 괴물 같은 대형 토목기계와 차량이 필요하고 연료비와 유지관리비도 엄청나다. 즉 원유나 고무, 트럭 타이어 같은 필요불가결한 기자재의 가격이 상승하는 인플레이션 시기에는 금가격이 상승해도 금광 경영의 채산성이 개선된다는 보장이 없다. 잘해야 현상 유지이며, 오히려 악화되는 경우가 더 많다. 그렇게 되면 금가격은 상승해도 금광을 경영하는 기업은 시장에 파는 금의 양을 늘리지 않는다. 채산성이 나쁠 때 무리하게 생산량을 늘리면 수익이 악화되기 때문이다. 이에 따라

시장에 유통되는 금의 양이 감소하므로 실거래가 동반되지 않는 가격 상승이 진행된다.

이 시기에 시장에 나온 금은 희소성이 높으므로 가격이 폭등한다. 게다가 그것이 다 팔리고 난 후에는 매물이 나오지 않아 모두가 아우성을 친다. 이런 상황에 매수 포지션을 취하던 거대한 흐름이 매도로 바뀌면(Long Liquidation 롱리퀴데이션: 전매도, 매수포지션 청산) 투매가 투매를 불러 점점 가격 하락폭이 확대된다.

앞에서 소개한 1978~1980년의 귀금속 인플레이션이 이런 현상을 극명하게 보여주는 사례다. 1966년 연간 약 1,300톤으로 정점을 찍은 세계 금 생산량은 1978년 무렵부터 1,000톤이 될까 말까한 수준까지 떨어졌다. 계속되는 인플레이션으로 채산성이 떨어져 기업이 생산량을 줄였기 때문이다. 이후는 앞에서 설명한 대로다. 생산량 감소로 희소성이 높은 만큼 금가격은 급격히 상승했다가 투매 흐름으로 다시 하락했다.

금 투자는 '금융 시스템의 위기'에 대한 헤지

디플레이션일 때 금가격 상승은 상황이 완전히 다르다. 금광 경영에 꼭 필요한 기자재 가격이 하락하는 가운데 금가격만 상승하는 것이다. 당연히 금광의 채산성은 개선된다. 그러면 금광을 경영하는 회사들은 애초에 예정했던 것보다 더 많은 금을 시장에 공급할 수 있다. 이로써 실거래가 늘어나며 가격도 동반 상승한다. 이렇게 시장 규모가 확대되면서 가격이 오르면 시세 전체의 지속성도 높아진다. 2011년 현재의 금가격 상승은 디플레이션형이다. 1996년까지 연간 2,300톤을 넘지 않았던 세계의 금 생산량이 2000년 무렵부터 10년 이상에 걸쳐 2,500톤 전후를 유지하고 있다.

금은 인플레이션이든 디플레이션이든 사람들이 금융 위기에 직면해 돈의 가치에 의문을 품기 시작하면 반드시 가격이 상승하는 상품이다. 금을 구입하는 목적은 결코 인플레이션 헤지(Inflation Hedge, 인플레이션에 의한 화폐 가치의 하락으로 비롯되는 손실을 막기 위하여 화폐로써 일정한 가치를 갖는 상품 등으로 바꿔 보유하는 것)에만 있지 않다. 금의 구입은 금융 시스템이 붕괴되거나 그에 준하는 위기에 대한 헤지인 것이다.

위기 자체는 다양한 형태로 나타난다. 인플레이션이 심화되어 하이퍼인플레이션(Hyperinflation)이 되는 경우도 있고, 인플레이션에서 디플레이션으로 반전되는 경우도 있으며, 예외적으로 실업률과 물가상승률이 동시에 상승하는 스테그플레이션(Stagflation)도 올 수 있다. 이렇게 금융 위기가 어떤 옷을 입고 등장하든 반드시 양호한 투자 실적을 올릴 수 있다는 것이 금 투자의 묘미다.

물론 이렇게 말하면 '세상에 그렇게 좋기만 한 게 있을 리가 없어, 분명히 어딘가 함정이 있을 거야'라고 생각하는 사람도 있을 것이다. 솔직히 말하면 함정은 있다. 인플레이션도 디플레이션도 아닌, 화폐가 계속 똑같은 구매력을 유지하는 시기가 온다면 말이다.

그것은 꿈속에서나 있을 법한 일이겠지만, 경제가 안정되면 금가격은 아마도 하락할 것이다. '금융 시스템의 위기에 대한 헤지'라는 금 투자가 갖고 있는 매력이 사라지기 때문이다. 그러나 금 투자의 가치가 떨어지든 아니든 그런 지상낙원을 만날 수 있다면 함정에 기꺼이 빠지겠다는 것이 내 생각이다.

금본위제는 잊어라

많은 경제학자들이 위기일수록 금이 안정적인 수익을 올리는 이유로 '금본위제'를 거론하곤 한다. 과거의 거의 모든 경제대국이 금본위제를 채택했었다는 '역사의 망령'에서 그 근거를 찾는 것이다. 금본위제는 금을 기준으로 세계 주요 통화의 단위 가치를 결정하는 것이다. 즉 금 몇 그램이 얼마의 달러로 환원되는지 측정하는 것처럼 통화의 가치를 금의 가치에 연계시키는 화폐 제도이다. 과거, 금본위제를 통해 환율이나 국제적인 물가수준을 비교할 수 있었다.

또 다소 비논리적인 주장이긴 하지만, 금에 대한 사람들의 비합리적인 집착이 금가격을 끌어올린다는 견해도 학계에서는 상당히 널리 퍼져 있다.

그러나 국제 경제가 위기에 빠질 때마다 반드시 '역사의 망령'이 등장하거나 금만이 특별하고 근본적인 가치를 지닐 것이라는 비합리적인 집착이 시장참가자의 심리를 지배해, 결과적으로 금가격이 상승하는 일이 규칙적으로 반복될 수 있을까? 여기에는 '망령'이나

'집착'으로는 치부할 수 없는 합리적인 근거가 있을 것이다.

안전자산으로 도피하는 현상(Flight to Quality)이 나타나는 금융위기 때 유독 금가격만이 상승한 이유는 귀금속 시장을 살펴보면 알 수 있다. 금만이 유동성이 높은 대형 종목이며 다른 모든 귀금속이나 보석은 유동성이 낮은 소형 종목이라는 것이다. 가볍고 작고 운반하기 좋으면서 큰 가치를 축적할 수 있는 상품을 찾는다면 이 조건을 만족하는 귀금속·보석의 종류는 셀 수 없이 많다. 그러나 정말 급하게 자금이 필요해 조금이라도 빠르게, 그리고 되도록 자금 가치가 감소하지 않는 형태로 환전하고 싶은 상황이라면 이야기는 달라진다. 고대부터 현대에 이르기까지 이 점에서 금보다 우월한 상품은 없었다.

언제 어디서든 금은 통한다

맨몸으로 당장 어딘가로 도망쳐야 하는 상황을 상상해보자. 도망가서도 이왕이면 잘 살고 싶으니 귀금속들을 가능한 많이 들고 가야 할 것이다. 그럴 때 무엇을 가져가야 할까? 깊게 생각할 것도 없이 은은 불합격이다. 어지간한 재산을 은으로 바꿔 도망치려 한다면 엄청난 무게 때문에 집 밖으로 나갈 수도 없을 것이다. 백금 역시 불합격이다. 인간 사회와 인연이 깊었다면 유력한 후보였겠지만 백금이 귀금속으로 인정받은 시기는 18세기 중반으로 그 역사가 짧아, 감정하고 환전해주는 업자의 네트워크가 턱없이 부족하다.

예상했겠지만 정답은 금이다. 금은 먼 옛날부터 썩지도 않고 광택을 잃지도 않으며 누구에게나 다른 금속보다 가치가 높은 금속으로 평가를 받아왔다. 따라서 전 세계 어디를 가든 웬만한 곳이면 반드시 진위와 순도를 확인하고 타당한 가격에 환전해주는 업자를 찾을 수 있다.

그 외 후보는 없다

다른 후보로는 각종 보석이 있다. 그러나 보석 역시 유동성이 떨어진다는 점에서 금을 대신할 수 없다. 금은 품질과 순도, 무게를 금방 평가·계측하고 그때그때의 시황에 맞는 가격으로 빠르게 환전할 수 있지만 보석은 그렇지 못하기 때문이다. 진위여부를 감정하기 어렵고 조금만 상처가 나도 가치가 급감하는 것이 보석의 공통적인 난점이다. 게다가 다이아몬드 같은 탄소계 보석은 불에 타면 무가치한 탄소 가루가 되어 버린다. 따라서 그램당 가치가 아무리 높아도 보석은 위기나 동란의 시대에 가지고 있기에는 적합하지 않다.

아무래도 위기 상황일 때는 귀금속이 지닌 근본적인 가치의 유무보다 되도록 작고 가볍되 고가이고 환전이 용이한 물건을 추구한다. 비상사태가 발생했을 때는 그것이 가장 실용적이기 때문이다. 물론 작고 가벼우며 가격이 높다는 조건만을 놓고 보면 다이아몬드나 루비, 사파이어 같은 보석이 더 편리하고, 같은 무게라면 대체로 백금의 시장가격이 금보다 더 높다. 그러나 전 세계 어디를 가든 감정할 수 있으며 순도와 무게를 정확히 계측해 시세에 맞는 금액으로 매입해주는 가게가 존재한다는 면에서는 다이아몬드나 백금은 금을 따라가지 못한다. 그런 까닭에 경제·금융 위기가 심각해질 때마다 금가격이 소비자 물가지수를 웃도는 상승률을 보이고, 그것이 규칙적인 패턴으로 반복되어 온 것이다.

위기에는 뭐니뭐니해도 유동성이다

주식시장에 빗대어 설명하면 금은 시장에 유일한 대형주와 같다. 환금 매도를 할 때 자산 가치의 감소를 거의 신경 쓸 필요 없이 빠르게 팔아치울 수 있는 대형주 말이다. 그 유일한 '대형주' 외에는 환금에 시간이 걸리거나 자신의 매도로 주가가 하락하기 쉬운 소형주밖에 없다. 이렇게 생각하면 금융 경제가 불안하게 느껴질 때마다 금에 수요가 집중되는 이유를 이해할 수 있을 것이다.

다시 말하지만 결코 금본위제 때문에 귀금속 시장에서 금이 특출한 유동성을 갖게 된 것이 아니다. 이것은 앞뒤가 완전히 뒤바뀐 생각이다. 오히려 각국이 '금만이 유동성이 높은 대형 종목'이라는 의견 일치에 이르렀기 때문에 각국 정부가 금본위제를 채택하는 형태로 나타난 것이다. 이미 시장에 존재하던 합의(Market Consensus)를 추후에 인정했다는 것이 맞다. 물론 열강의 금본위제 채택은 금과 다른 모든 귀금속 사이의 유동성 격차를 한층 벌려놓았다. 1971년에 '금과 미국 달러의 태환 폐지'를 선언한 미국을 마지막으로 금본위제를 유지하는 나라는 모두 사라졌지만, 시장에서 금과 다른 귀금속 사이의 유동성 격차는 좁혀질 기미가 보이지 않는다.

평상시에는 유동성에 그다지 집착하지 않는 투자자도 위기 상황이 되면 유동성이 높은 자산을 강하게 선호하는 심리는 오랜 역사를 통해 분명히 확인할 수 있다. 그것이 경제적 합리성에 따른 건전한 판단이기 때문이다.

2장

CRISIS GOLD

그림으로 살펴보는
금 투자의 매력

왜 '위기일수록 금'인지 알았다면 금은 우리가 생각하는 자산관리에 관한 다양한 선택에 기준이 될 수 있다. 유동성이 높다는 이유로 금을 선호한다면 이와 반대되는 자산을 선호하는 행위는 불필요한 리스크를 짊어지는 어리석은 짓이라고 판단할 수 있다. 모든 시장참가자가 금이야말로 위기의 시대에 유동성을 확보할 수 있는 안전자산이라고 생각하는데 혼자서 금이 아닌 다른 자산을 모으는 것은 스스로 자산 가치를 깎아먹는 일이기 때문이다. 그렇기 때문에 금융 위기가 심각해지고 공황이 현실적인 위협으로 다가올수록 많은 귀금속 중에서 금만이 빛을 발하는 유일한 자산으로 여겨진다.

그것을 잘 표현해주는 그림이 있다. 이미 아는 사람도 있겠지만 바로 '자산의 모래시계'라는 그림이다.

[그림2-1] **자산의 모래시계**

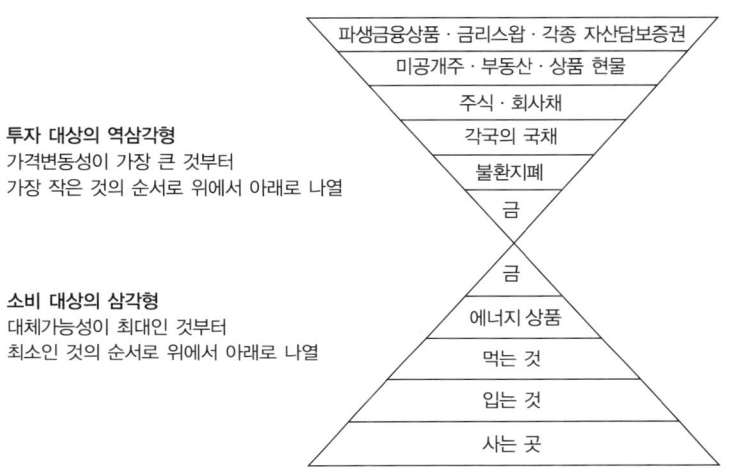

(출처) 블로그 'FOFOA' 2010년 9월 13일 기사를 바탕으로 작성.

자산의 모래시계

삼각형 두 개의 꼭짓점을 붙여놓은 [그림2-1]이 자산의 모래시계다. 간단한 그림이지만, 자세히 살펴보면 경제 시스템을 이해하는 데 큰 도움이 됨을 알 수 있다. 누가 언제 어디에서 생각해낸 것인지는 알 수 없지만, 어쨌든 고안자에게 경의를 표한다. 다만 그다지 자상한 취급 설명서를 만들어놓지 않아, 여기저기에서 인용되는 것 치고는 고안자의 진의를 파악하기 쉽지 않다.

이 그림을 활용할 때 가장 큰 문제점은 대부분의 해설들이 위에 있는 역삼각형을 금융 경제로, 아래에 있는 정삼각형을 실물경제로 나누어 설명한다는 데 있다. 그래서는 '자산의 모래시계'를 정확히 이해하기 어렵다. 아래의 정삼각형에는 각각 '먹는 것' '입는 것' '사는 곳'과 같은 표현을 썼는데, 이는 추상적인 기능만을 표현한 것이다. 정확하게 실물경제를 말하고 싶었다면 식료품, 의류, 주거 혹은 주택이라는 표현을 써야 맞다. 또 제조업 등에서 사용하는 원자재가 여기에 없다는 점도 이상하다.

그렇다면 이 두 삼각형은 각각 무엇을 나타낼까? 바로 투자 대상과 소비 대상이다. 예를 들어 제조업 경영자가 자사의 공장에서 사용하는 원자재를 이 그림에서 찾는다면 '상품 현물'이라 할 수 있다. 그 상품을 직접 소비할 목적으로 사는 것이 아니라 제조공정에 투입해 이익을 벌어들이기 위한 투자용으로 구입하기 때문이다. 아래의 정삼각형은 모두 투자가 아니라 경제활동의 본래 목적인 소비 대상을 열거한 형태로 도식화되어 있다. 그리고 위의 역삼각형은 투자 대상을 표시하되 위로 갈수록 가격변동성이 높고, 아래로 갈수록 가격변동성이 낮은 순서로 나열되어 있다. 최근의 신문기사를 자주 본 사람은 이 순서가 꽤 익숙할 것이다. 금보다 지폐가 가격변동성이 높으며, 정부가 발행하는 국채나 지방자치단체가 발행하는 지방채의 가격변동성이 높다. 이처럼 아래에서 위로 갈수록 리스크가 높은 금융자산이 배치되어 있다. 파생상품과 금리스왑, 각종 자산을 담보로 한 증권화 상품이 가장 가격변동성이 높다는 사실은 이미 경험을 통해 느껴본 사람도 있을 것이다. 참고로 이 그림에는 나와 있지 않지만, 외국환도 이들 금융 상품과 함께 가격변동성이 가장 높은 층에 들어간다.

가격변동성을 결정하는 것은 특정한 투자 대상을 둘러싼 사회적 환경이지, 결코 그 자산의 '고유'의 성질이나 기능이 아니다. 때문에 지폐는 발행한 나라 안에서 유통될 때는 금 다음으로 가격변동성이 낮은 얌전한 상품이지만 외국인이나 외국 정부가 보유한 '외국환'이라는 지폐는 가격변동성이 매우 높은 난폭한 상품이 된다.

금값은 안정적으로 오른다

그러면 여러 가지 투자 대상 중에서 금의 가격변동성이 얼마나 낮은지 구체적으로 살펴보자. 다음 [그림2-2]는 1989년부터 2009년까지 21년간 각종 투자 대상의 가격변동률을 10년 평균치와 2년 평균치로 산출한 것이다. 10년 평균과 2년 평균 모두 다른 금융 상품에 비해 금의 가격변동성이 훨씬 낮음을 알 수 있다.

금 투자의 우위성은 결코 높은 수익성에만 있는 것이 아니다. 최근의 변화무쌍한 국제금융 정세 속에서는 수익률 이상으로 가격이 급등락하지 않기를 간절히 바라게 된다. 그런 점에서 금 투자는 가격변동성이 낮다는 매우 바람직한 성질을 갖추고 있다.

또 가격변동성의 관점에서 보면 원유나 구리 같은 전형적인 시황 상품은 가격의 등락이 매우 극심한 투자 대상임을 알 수 있다. 금과 같은 범주로 생각되는 은도 금에 비하면 훨씬 가격변동성이 높다. 정확한 지식 없이 '금이나 은이나 비슷하겠지'라는 생각으로

[그림2-2] 주요 투자 대상의 가격변동성(10년 평균과 2년 평균)

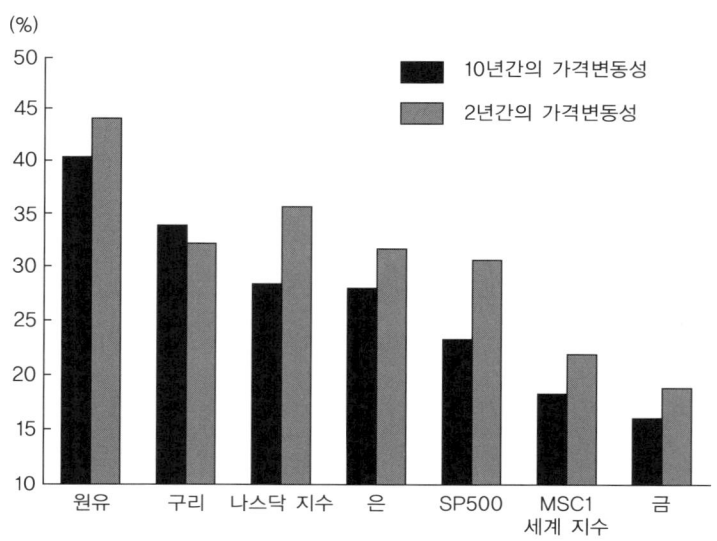

(출처) Erste Group, *Special Report Gold*, June 2010.

금 대신 은에 투자했다면 금보다 훨씬 심한 가격 급등락에 마음고생 좀 했을 것이다.

그러면 가격변동성이 낮으면 어떤 장점이 있는지 살펴보자. 1999년부터 2010년까지 금과 은의 가격 통계를 보면 둘다 가격이 약 네 배나 상승했다. 그러나 은가격은 해마다 부침이 매우 심한데 비해 금가격은 거의 매년 10퍼센트 이상 30퍼센트 미만이라는 안정적인 추세로 상승했다. 또 많은 투자 상품들의 가격이 하락한 2008년에도 금만은 비록 3~4퍼센트에 불과하기는 하나 어쨌든 가격이 올랐다. 이 안정성이야말로 낮은 가격변동성의 이점인 것이다.

원자재 상품은 인플레이션 헤지에 적합하지 않다

투자입문서를 보면 아직도 '인플레이션 헤지용'으로 각종 원자재 상품에 투자할 것을 권하고 있으며, 그중에는 '금도 원자재 상품 가격이 급등하는 가운데 동반 상승할 것'이라고 주장하는 책도 많다. 그러나 그런 주장은 잘못돼도 한참 잘못됐다.

이미 살펴봤듯 원자재 상품은 가격 변동이 매우 심한 투자 대상이라 24시간 내내 가격 변동을 지켜보기가 불가능한 초보자로서는 매매 타이밍을 판단하기가 매우 어렵다. 그래도 인플레이션이 발생할 때마다 가격상승률이 물가상승률보다 확실히 높다면 인플레이션 헤지용으로 원자재 상품을 사놓는 것도 물론 의미가 있을 것이다. 그러나 장기간의 가격상승률이 물가상승률과 별 차이가 없다면 높은 가격변동률 때문에 노심초사하기보다 물가지수와 연동하는 금융 상품이라도 사 두는 편이 그나마 낫다.

그리고 실질 원자재 상품의 초장기 가격 변동 데이터를 보면 인플레이션 헤지용으로 어떤 원자재 상품을 사는 것은 바보 같은 행동임이 명백히 드러난다. 1871년을 기점(=100)으로 지수화했을 때, 그후 140년이라는 세월 동안 원자재 상품의 실질가격은 상승도, 하락도 하지 않고 100 근처에 머물러 있다. 이만큼 초장기 가격 동향은 오르지도, 내리지도 않고 거의 일정한 상태를 유지한 채 그때그때의 가격만 심하게 요동을 치는 것이다. 그러므로 원자재 상품은 대체로 인플레이션 헤지에 부적절한 금융자산임을 알 수 있다.

또 '안전자산 선호'라는 측면에서 미국 국채와 같이 신용등급이 높은 채권을 사 놓는 것이 위기 대비책으로 효과적이라는 설도 있는데, 실적만을 놓고 보면 이 방법도 추천하기 어렵다. 채권은 금과 정반대로 인플레이션일 때나 디플레이션일 때나 나쁜 실적을 내는 골치 아픈 금융자산이기 때문이다.

채권으로는 위기를 극복할 수 없다

최근 표면적인 회복세와는 반대로 국제금융 위기가 심각해지고 있다. 그 징후는 꾸준히 드러나고 있고 그 중 가장 강력한 증거가 장기금리의 급상승이다. 2010년 6월 20일부터 11월 20일까지 5개월 동안 4.8~4.2퍼센트까지 낮았던 미국 30년채의 수익률이 1개월 뒤인 12월 20일에는 5.0퍼센트까지 급등했다. 채권수익률이 오른다는 말은 채권가격이 떨어졌다는 의미다. 채권은 일정한 액면, 예를 들어 100달러의 채권을 가지고 있는 사람에게 매년 4달러의 금리를 주겠다고 약속하는 금융 상품이다. 그런데 수익률이 5퍼센트로 상승한다는 것은 어떤 의미일까? 4달러가 5퍼센트에 해당하는 원금의 금액은 80달러이므로 채권가격이 20퍼센트나 떨어진 것이다.

일반적으로는 금융 위기가 오면 장기채, 특히 미국 장기채 같이 신용도가 높은 발행체를 가진 채권에 인기가 집중되는 현상이 두드러진다. 그리고 실제로 주가가 하락하는 시기에는 자금이 채권시장으로 흘러드는 경향이 있다. 그러나 그 역은 반드시 성립하지 않는다. 즉, 미국 장기채의 금리가 상승하고 채권가격이 하락한다고 해서 금융 위기가 완화되어, 자금이 'Low Risk, Low Return'의 채권과 같은 금융 상품에서 주식 같은 리스크 자산으로 되돌아간다고는 장담할 수 없다. 오히려 위기가 점점 심화되어 미국채조차 안전하지 않다고 여겨질 수도 있다.

꺼림칙한 부분은 이번 미국 30년채의 수익률 급등이 1929년의 대공황 이후 주식시장 반등에 호응해 급상승했던 고신용등급 기업의 회사채 수익률과 매우 흡사하다는 점이다. 당시 채권가격은 경기 동향과 거의 동시에 최고, 최저점을 찍었다. 금리는 1932년의 경기 저점을 중심으로 실물경제의 악화에 반응하여 급등했으며 이것이 자금시장을 더욱 압박했다.

그리고 [그림2-3], 대공황기의 다우존스 공사채(公社債) 40종목 평균 추이를 살펴보면 채권가격의 변동률이 상당히 높으며 인플레이션에서나 디플레이션에서나 가격이 급하락했다는 사실을 알 수 있다. 제1차 세계대전은 시작되었지만 아직 미국이 참전하지 않았던 1917년 초, 97로 최고점을 찍은 공사채 40종목 지수는 전후(戰後) 인플레이션이 만연하던 1920년에 75 전후로 바닥을 쳤으며, 투자 열풍이 정점에 이르렀던 1928년에는 98까지 올랐고, 대공황기의 첫 번째 바닥이었던 1932년에 72를 기록했다. 즉 채권은 인플레이

[그림2-3] 1차, 2차 세계대전 사이의 다우존스 공사채 40종목 평균(1915~35년)

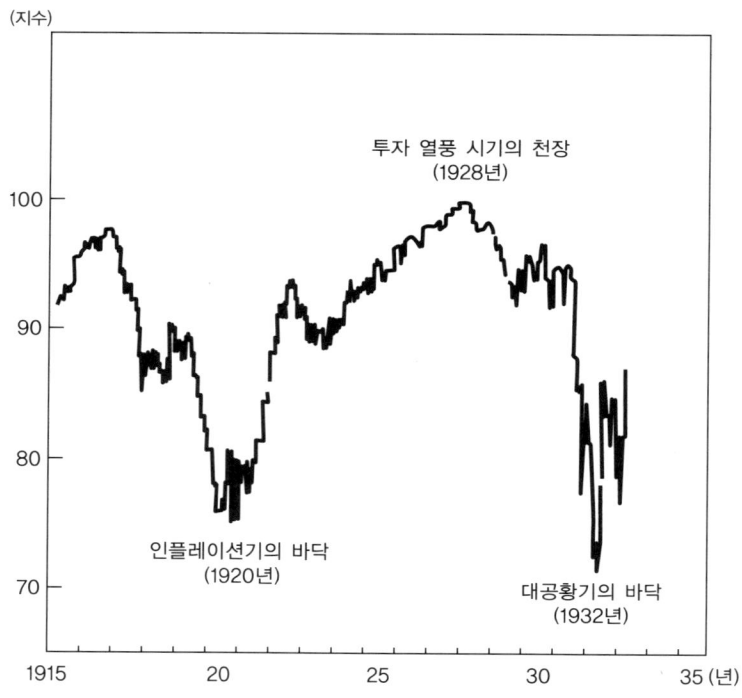

(출처) 블로그 'Elliott Wave International' 2010년 12월 21일 기사를 바탕으로 작성.

션에도 디플레이션에도 약하다는 사실이 여실히 드러난 것이다.

이렇게 보면 설령 미국채처럼 신용등급이 높은 국채조차도 '폭풍우 속 피난처'라는 역할을 제대로 수행할 수 있을지 의문이다. 채권 투자만 놓고 본다면 평화롭고 안정적인 시대에서 경기가 상승 기조를 보이면 주식의 비율을 높이고, 하락 기조를 보이면 채권의 비율을 높이는 식으로 투자 비율을 조정하는 것이 적합할 것이다.

그러나 60~80년 주기로 찾아오는, 디플레이션으로 전환되는 국면일 때는 주식을 환매한 자금을 채권에 돌리는 것은 매우 위험한 행위다. 역사의 교훈을 살펴보면 그냥 현금으로 가지고 있는 편이 차라리 낫다.

반대로 주식과 채권 같은 전통적인 금융 상품이 고전할수록 빛을 발하는 것이 금이다. 트로이온스당 금가격과 국채가격을 비교해보면 금가격이 국채가격을 훨씬 웃돈다. 1996~2004년에는 2.5~3.5배로 비교적 낮은 수준이었다면 1980년대에는 10배 수준에 달했다. 그리고 2010년 말에는 11.3배로 상승했다. 그리고 각종 금융자산의 과거 10년간 누계 수익률을 볼 때 귀금속을 제외하고 가장 양호한 실적을 낸 것은 미국 30년채였다.

1999년 9월부터 2009년 9월까지 10년간 각종 금융자산이 기록한 투자 수익률을 보면 금이 289퍼센트, 백금이 255퍼센트, 은이 214퍼센트를 기록했다. 모두 2000퍼센트가 넘는 실적을 올렸다. 반면 전통적인 투자 대상 중에서 플러스를 기록한 것은 미국 30년채 하나였다. 게다가 그 수익률은 29퍼센트에 불과했다. 매년 화폐 가치가 약 4.4퍼센트씩 감소했다는 것을 감안하면 국채 수익률은 그리 매력적이지 않다.

이렇게 미국채와 비교해도 금의 수익률이 10배 이상 높은 것은 향후의 금가격 추이를 예측하는 데 든든한 재료가 된다.

투자 대상이자 소비 대상인 금

다시 한 번 [그림2-1](39쪽)의 자산의 모래시계로 되돌아가보자. 아래의 소비 대상을 나타내는 삼각형은 대체가능성(Fungibility)이 높을수록 위에, 낮을수록 아래에 위치해 있다. 이 나열 기준인 대체가능성은 어떤 개념일까? 예를 들면 이렇다. 하나의 덩어리를 10개의 균등한 덩어리로 분할했을 때 그 작은 덩어리 하나하나가 원래 덩어리의 10분의 1에 해당하는 기능과 가치를 지니며 어떤 덩어리를 선택하든 똑같은 역할을 한다는 것이다. 당연한 말이 아니냐고 생각할지도 모르지만, 이 세상에 존재하는 물건 대부분은 이런 성질을 갖고 있지 않다. 예컨대 밥그릇에 담긴 밥을 반으로 나눈 경우는 이런 성질이 있지만, 생선 한 마리를 반으로 나눴을 때는 각 덩어리의 가치가 훼손될 뿐 아니라 꼬리쪽과 머리쪽을 1 대 1로 교환할 수도 없다. 혹은 스웨터의 한쪽 팔만 자른다든가 주택에서 침실 하나만 분리한다고 상상해보라. 균등한 기능과 가치가 있는가. 이런 성질을 통해 대체가능성이 높은 것일수록 유통이 쉬운 상품이 되며, 대체가능성이 낮은 상품일수록 유통이 어렵다는 것을 알 수 있다.

모래시계 그림의 삼각형에서 석유, 천연가스, 석탄과 같이 질량으로 판매하는 에너지 상품이 의식주를 위한 상품보다 위에 배치되어 있는 이유도 바로 그 때문이다. 현실적으로 개인이 소비하는 에너지 상품은 전기와 도시가스의 형태를 띨 확률이 높은데, 이렇게 되면 석탄 한 조각이나 연탄 하나 이상으로 대체가능성이 높은 상품이 된다. 결국 대체가능성이 높은 상품일수록 유통이 용이하며 대체가능성이 낮은 상품은 유통이 어려운 것이다. 그런 의미에서 보면 삼각형 아래쪽, 즉 소비 대상을 나타내는 삼각형은 위로부터 유동성이 높은 것에서 낮은 순서로 나열되어 있다고 해도 틀리지 않다.

물론 금은 에너지 상품 이상으로 대체가능성이 높다. 금은 아주 작은 조각으로 나눠도 정확히 무게에 맞춰 거래할 수 있다. 또 전기나 도시가스처럼 거대한 생활 인프라를 갖춰야 하는 것도 아니다.

지금까지의 설명을 들은 독자 중에는 '금이 소비재 중에서 가장 대체가능성이 높고 유동성도 높다는 것은 알겠는데, 도대체 금이 소비재로서 어떤 역할을 한다는 건지 모르겠다'고 생각하는 사람도 있을 것이다. 경제가 위기를 맞을 때마다 걱정을 하면서도 금을 모아놓을 필요성을 절박하게 느껴본 적 없는 사람이라면 당연히 가질 만한 의문이다. 해답은 간단하다. 소비재로서의 금은 장식품이다. 그럼에도 불구하고 금을 사는 사람들조차 장신구로 사용할 액세서리나 금메달 등을 사면서 급박할 때 금을 되팔 수 있다는 점을 생각한다. 즉 금은 언제든지 돈 대신 사용할 수 있는 금융 상품의 성격을 빼놓고 순수한 소비 대상으로만 논할 수 없다는 뜻이다.

그래서 모래시계 그림에서 금은 투자 대상 쪽에도 소비 대상 쪽에도 속해 있는 것이다. 투자 대상과 소비 대상의 사이를 오가는 시스템은 중요하다. 금이 이 두 가지 성질 사이를 융통성 있게 오갈 때 세계 경제의 안정에 중요한 역할을 담당하기 때문이다.

금만이 지닌 안전장치

좀 더 구체적으로 설명해보겠다. 인간이 실제로 일정기간 동안 소비할 수 있는 소비 대상은 연간 20퍼센트라든가 30퍼센트씩 시장 규모가 지속적으로 확대되는 일은 거의 없다. 종종 개별 상품 중에 그런 히트 상품이 나오는 경우도 있지만 소비재 시장 전체로 보면 불가능한 일이다. 반면 투자재 시장에서는 실이 끊어진 풍선처럼 연간 수십 퍼센트씩 시장 규모가 오르고 지속적으로 성장하기도 한다. 1970~2010년까지 세계 각국의 GDP(국내총생산) 총액은 4조 달러에서 62조 달러로 15.5배 증가했으며, 그 사이 세계 각국의 수출 총액은 7,000억 달러에서 25조 달러로 35.7배라는 급성장을 기록했다. 그러면 같은 40년 동안 외국환 거래액은 얼마나 증가했을까? 놀라지 마시라. 6조 달러에서 1,460조 달러로 무려 243배나 증가했다. 40년간 매년 약 15퍼센트씩 성장한 셈이다.

수출 총액은 25조인데 외국환 거래액은 1,460조 달러라는 사실의 의미를 곰곰이 되짚어보자. 돈은 1년 중에 몇 십 번, 몇 백 번씩 교환되므로 실제 수출입 결제에 필요한 외화의 양은 25조 달러의 수십 분의 1에 불과하다. 그런데 외국환 거래액이 수출 총액을 훨씬 웃돈다는 것은 실제로 상품이나 서비스의 수출입 결제에 필요한 금액보다 수백 배에 달하는 자금이 외환시장에 체류하고 있는 것이다. 그리고 특정 통화가 다른 통화보다 상대적으로 비싸다든가 싸다는 평가에 따라 밀물처럼 우르르 밀려들었다가 썰물처럼 빠져나간다. 이만큼 자금량이 늘어났음에도 특정 통화가 기본적인 경제 상황과는 무관하게 계속 급등하거나 계속 급락하는 사태가 손에 꼽을 정도라는 것은 시장 메커니즘이 본질적으로는 건전하다는 것을 증명한다.

그러나 이 대량의 자금이 조금이라도 유리한 투자 대상을 찾아 우왕좌왕하고 있다는 사실에 유념해야 한다. 시장 전체가 아주 조금이라도 한 방향으로 기우는 흐름이 되면 그 반동은 대다수가 참여한 투자에 엄청난 손실을 가져다준다. 1980년 이후로만 시기를 한정해도 국제금융 세계에서는 대략 10년에 한 번씩 시장이 어느 한 쪽으로 기울어진 데 따른 반동으로 대혼란이 일어났다.

극명한 사례로 앞에서도 얘기했던 1980년 1월에 귀금속 가격이 정점을 찍은 뒤 2~3년간 대폭락이 일어났던 것을 들 수 있다. 다음에는 1987년 10월의 '검은 월요일(Black Monday)' 이후 1989년에 일어난 일본의 부동산 버블 붕괴를 들 수 있다. 또한 1997~1998년에는 동남아시아와 한국에 심각한 통화 위기가 발생했으며, 러시아의 채무불이행으로 당시 세계 최대급이었던 LTCM(Long-Term Capital Management)이라는 헤지펀드가 파산했다. 그리고 2000년에는 미국 나스닥 시장을 중심으로 한 IT(통신, 정보, 첨단 기술주) 버블이 붕괴됐다. 마지막은 2008년의 서브프라임 모기지 사태로 시작된 일련의 움직임이다. 2010년의 유럽 국채시장의 연쇄 불안, 2011년에 본격화될 듯한 미국의 주채(州債)·지방채의 채무불이행 위기 지속이라는 형태로 1930년대 이후 가장 심각하고 장기적인 금융 위기가 찾아올 징조가 나타나고 있다. 즉 시장 전체가 지나치게 낙관론으로 치우친 것이 대폭락의 계기가 되고, 지나치게 비관론으로 치우친 것이 대폭등의 계기가 된다. 그런 반응이 연쇄적으로 서서히 확대되면서 지금까지 온 것이다.

뿐만 아니라 1980년의 귀금속 가격 버블을 제외한 이후 금융 위기 때마다 대형 금융기관을 구제하기 위해 매번 막대한 공적자금이 투입되었다. 이런 식으로 국민이 짊어지는 엄청난 부담까지 감안하면 '대체적으로 원활하게 거액의 자금을 운용하지만 가끔 대형 사고를 치는 금융시장'을 계속해서 지켜야만 하는지 의문이 남는다.

금융시장에 있는 '무한대'라는 괴물

모래시계 그림 속 투자 대상의 역삼각형은 한 단계 올라갈 때마다 추상도가 높은 금융 상품이며, 그 안에는 '무한대라는 괴물'이 숨어 있다. 예를 들면 주식의 공매도를 들 수 있다.

주식을 매수할 때 생각할 수 있는 최대손실액은 주가만큼 지불한 돈이다. 이때의 최대손실은 가지고 있는 주식을 다 날려버리는 것을 말한다. 그러나 향후 하락할 것으로 믿은 주식을 공매도 했을 시점의 최대손실액은 무한대다. 그후 주가가 예상대로 하락한다면 괜찮겠지만 상승한다면 팔아야 할 시점에 생길 손실은 얼마든지 불어날 가능성이 있기 때문이다. 공매도자에게 최대손실은 주가+a를 날려버리는 것을 의미한다. 예를 들어보겠다. 주가 하락을 예상해 A 주식을 1만 원으로 1만 주 공매도한다고 가정하자. 예상 외로 주가가 2만 원으로 뛰면 공매도자는 1억 원의 손해를 본다. 3만 원으로 뛰면 2억 원이 손해다. 가격 변동에 따라 얼마든지 손해가 확대될 수 있는 것이다. 이는 한 번 체결한 공매도 계약은 이행해야 하는 강제성 때문에 발생한다.

좀 더 무서운 이야기를 하자면, 외환시장뿐만 아니라 상품 선물 시장에서도, 각국 정부의 국채나 기업이 발행한 회사채가 채무불이행이 되었을 때의 리스크에 대비한 신용디폴트스왑(Credit Default Swap)시장에서도 무한대의 손실이 자리하고 있다. 그 근거가 되는 현물자산의 가치를 훨씬 뛰어넘는 금액이 파생상품시장에서 일상적으로 거래되고 있기 때문이다. 특히, 신용디폴트스왑은 채권자가 소액의 보증금을 내면 채무자가 채무불이행에 빠졌을 경우 그 원금을 보험회사로부터 돌려받을 수 있다는 일종의 보험과 같은 구조이다. 구체적인 사례를 들어 설명하면 한 금융기관이 어느 기업에 100억 달러를 융자했다고 가정하자. 그런데 금융기관은 이 기업이 정해진 기한까지 빌린 금액을 제대로 갚을지 불안해하고 있다. 이럴 경우 금융기관이 보험회사에 일반적으로 융자 총액의 1퍼센트도 되지 않는 소액의 보증료를 내면 설령 기업이 빌린 돈을 갚지 못하더라도 보험회사가 기업 대신 융자금을 전액 내주는 시스템이다.

이 시스템도 본래의 목적대로 운용되었다면 매우 건전하고 유용한 보험이라고 할 수 있다. 그러나 금융업 전반의 비대화 속에서 이 신용디폴트스왑도 도박성이 매우 높은 상품이 돼버렸다. 정말 융자를 했든 하지 않았든 일단 보험료만 내면 어딘가의 기업이 돈을 갚지 못하게 되었을 때 거액의 '배당금'을 받을 수 있는 시스템이 되었기 때문이다. 누구든 특정 기업이 채무불이행의 가능성이 있다고 생각하고 보험료를 내면 실제로 그 기업이 채무불이행을 일으켰을 때 보험료의 금액에 따른 '상정 원금'을 배당으로 받을 수 있는 것이다. 상정 원금은 당연히 무한대까지 팽창할 가능성이 있다.

커다란 꼬리가 개를 휘두르고 있다

[그림2-4]는 전 세계의 미국 달러 표시 금융자산을 위에서부터 가격변동성이 높은 것에서 낮은 순서로 역삼각형에 나열한 것이다. 미국의 연준위가 발행한 미국 달러의 발행 총액은 2조 2,000억 달러로 비교적 건전한 액수이지만, 이것이 은행 시스템을 통해 8조 4,000억 달러로 불어나며, 은행 면허를 가지고 있지 않지만 사실상 은행으로 기능하는 금융기관을 통해 15조 달러로 팽창한다. 그래도 여기까지는 아직 미국 국내이므로 그럭저럭 적당한 수준이다. 그러나 미국 외의 달러까지 따지고 들면 그 금액은 상상을 초월한다. 미국 내의 신용 팽창과 비교해도 훨씬 엄청나다. 장외 거래되고 있는

[그림2-4] 미국 달러의 신용 역삼각형

장외 거래 파생금융상품 상정 원금: 592조 달러
총채무잔고: 34조 달러

은행의 국제(외환거래) 부문에 체류하고 있는 미국 달러: 32조 달러
그 중 미국 외 계좌분: 12조 1,000억 달러

은행 면허가 없는 '그림자 은행'의 보유액:
15조 달러

은행 시스템 중의 M2:
8조 4,000억 달러

FRB 기발행 잔액 :
2조 2,000억 달러

(출처) 블로그 'Zero Hedge' 2010년 12월 20일 기사를 바탕으로 작성.

달러 표시 파생상품의 상정 원금인 592조 달러는 전 세계의 GDP 합계액의 9.5배에 이른다.

과거 10년 혹은 20년 동안 금융시장은 곳곳에서 개보다 큰 꼬리가 개를 휘두르는 상태가 지속되었고 언제 어딘가에서 대참사가 일어나지 않을까 우려되었다. 그런데 아니나 다를까, 집을 살 신용이 없는 사람들에게 빌려준 주택론을 바탕으로 한 증권화 상품의 버블 붕괴인 서브프라임 모기지 사태가 일어났다.

현재 금융 위기는 표면적으로는 소강상태를 보이고 있다. 그러나 어디까지나 표면적일 뿐이다. 앞에서 설명한 신용디폴트스왑 시장에서는 2010년 8월 이후 기업 회사채의 채무불이행 리스크에 대한

보증료율보다 세계 각국의 정부가 발행한 국채의 채무불이행 리스크에 대한 보증료율이 높은 이상 현상이 계속되고 있다. 즉 현재 시장은 사기업보다 정부가 채무불이행을 일으킬 가능성이 높다고 판단하고 있는 것이다. 이것은 지금의 세계 경제 상황이 그리스 위기가 정점에 이르렀던 2010년 5월보다 더 심각하다는 증거이다.

금 현물시장은 매우 안정적이다

파생상품시장은 지나치게 비대해서 언제 버블이 터질지 전전긍긍하며 지켜볼 수밖에 없지만 금 현물시장은 차근차근 확대되고 있다. 물론 금에도 금 ETF와 같은 파생상품시장이 있고, 여기에는 현물의 수십 배 혹은 수백 배에 이르는 규모의 자금이 움직이고 있다.

그러나 뒷장에서 자세히 설명하겠지만, 금 파생상품시장에서는 1980년 초 일시적인 급등으로 낭패를 본 이후 거대 금융기관과 금광회사 모두 금가격은 반드시 떨어진다는 고정관념에 사로잡혀, 아직 파내지도 않은 금을 선물(先物)로 그때그때의 시장가격으로 팔아버리는 기업이 많다.

참고로 선물은 장래에 나오게 될 현물을 특정한 가격에 미리 팔거나 사는 것이다. 가령 현재의 시장가격으로 선물을 팔았다고 가정하자. 나중에 금가격이 떨어지면 시장가격보다 비싸게 판 것이므로 그 차액만큼 이익을 본다. 그러나 만약 미래에 금가격이 상승한다면 시세보다 낮은 가격에 판 셈이므로 차액만큼 손해를 본다.

1980년대 초 금가격이 반드시 떨어진다고 믿고 있던 일부 대형 금광회사도 자사의 생산 능력보다 많은 양의 금을 선물로 팔아 비참한 결과를 맞았다. 선물 매도 후 금가격이 상승함에 따라 자사가 생산한 금으로 충당할 수 없는 분량이 생겼고, 그 분량은 다른 곳에서 비싼 값에 조달해 선물 계약을 한 상대에게 넘겨야 했다. 이런 상태를 시장 용어로는 '숏커버'라고 한다. 숏커버를 해야 하는 상황에 몰린 대형 금광회사는 금가격이 오를수록 큰 손해를 보았다. 물론 대형 금융기관이나 대형 금광회사로부터 금 선물을 공매수한 중소 투자자들은 순조롭게 이익을 올렸다.

한편 현물시장에서는 금가격이 너무 빠른 속도로 상승할 것 같으면 주식시장에서 말하는 '초과배정 옵션'이 나와 과열감을 식히고 장기간에 걸쳐 완만한 속도로 상승 기조를 지속한다. 초과배정 옵션은 주식시장에서 특정 종목의 시세가 너무 과열될 경우를 대비한 것으로, 주가가 오르면 매물로 내놓으려 준비해놓은 주식을 가리킨다. 개별 종목의 경우 이 초과배정 옵션을 얼마나 준비하고 어느 타이밍에 방출하여 주가의 폭등 혹은 폭락을 막느냐가 주간사 회사의 실력을 좌우한다.

그런데 금은 딱히 누가 준비하지 않아도 시장이 과열되면 자연스럽게 초과배정 옵션이 나온다. 금에는 매년 생산량에 비해 매우 거대한 비축량이 이미 축적되어 있으며, 게다가 비축량의 절반 이상은 장식품으로 널리 그리고 골고루 분산되어 있기 때문이다.

행방불명이 된 금은 고작 2퍼센트

2010년 현재 이미 채굴되어 지구상에 존재하는 금의 총량은 약 16만 5,600톤으로 추정된다. 올림픽 규격의 수영장 세 개 반을 채울 수 있는 양이다. 혹은 야구장의 홈플레이트에서 1루, 2루, 3루를 연결하는 다이아몬드 크기를 한 면으로 하는 정육면체를 채울 수 있는 양이다.

이 가운데 52퍼센트에 해당하는 8만 6,100톤이 장식품으로서 개인 가정이나 기업, 공공기관에 보관되어 있다. 또 18퍼센트에 해당하는 약 2만 9,800톤은 민간 투자, 16퍼센트에 해당하는 2만 6,500톤은 정부, 공공기관, 국제 협조 금융기관의 금준비, 12퍼센트에 해당하는 1만 9,900톤은 공업용이나 치과의료용 원재료로 사용되고 있다. 어디에서 어떻게 사용되고 있는지 알 수 없는, 사라져버렸는지도 모르는 양은 불과 2퍼센트인 약 3,300톤 정도다. 태곳적부터 채굴해온 금 가운데 행방불명된 양은 통계 오차범위 내라고 해도 무방할 만큼 적은 양에 불과하다. 이처럼 어디에 얼마나 있는지 투명하게 알 수 있다는 것은 금이 가치를 축적하는 수단으로 얼마나 적합한지 보여준다.

또 어떤 나라에 있는 외국 통화의 총액 중에서 정부나 중앙은행, 또는 IMF나 세계은행, 국제결제은행 같은 국제 협조 금융기관이 가지고 있는 분량을 외환보유고라고 한다. 그리고 이 가운데 금 현물로 가지고 있는 것이 금준비다. 금을 통화로서 유통하는 나라는 이

제 없지만 금준비라는 용어가 현재도 사용되고 있다는 사실은 여전히 금이 국제 통화로 인정받고 있음을 보여준다.

금은 녹슬지 않으며 진한 염산과 질산을 3 대 1의 비율로 섞은 '왕수(王水)'라고 부르는 산 이외에는 부식되지 않는 물리적 특성이 있다. 그리고 수천 년에 걸쳐 채굴된 금 가운데 행방불명된 양이 2퍼센트에 불과하다는 것은 먼 옛날부터 희소가치를 높게 평가받아 소중하게 다뤄졌기 때문일 것이다.

한편 연간 생산량은 고작해야 2,300~2,500톤이다. 즉 총 비축량의 1.4~1.5퍼센트밖에 추가되지 않는다. 그리고 그 해의 생산량은 대부분 장식품 수요가 흡수하며, 민간 투자나 공공기관의 금준비, 공업용 또는 치과의료용 원재료로 사용되는 분량은 주로 장식품이었다가 재활용 시장에 나오는 금으로 충당되고 있다. 가령 2009년의 재활용 금 공급량은 1,670톤이었는데, 이것은 민간이 보관하고 있는 장식품 비축량의 2퍼센트 정도다.

이렇게 비교적 투명한 시장 구조 때문에 매점으로 금가격을 끌어올리거나 투매로 가격을 폭락시켰다가 다시 매집하는 식의 조작은 거의 불가능하다.

적정가격을 스스로 만드는 금시장

시장에 나돌고 있는 금을 비싼 가격에 전부 사들인다 해도 민간에서 장식품으로 보관하고 있는 금을 시장에 팔면 가격은 다시 하락한다. 투매로 가격을 떨어뜨린 다음 다시 매집하는 수법도 현실적이지 못하다. 투자 시장에서 금가격을 낮추는 데 성공하더라도 곧 값이 쌀 때 금 장식품을 사놓으려는 사람들이 몰려 가격이 상승세로 돌아선다.

물질적으로는 똑같지만 투자재 시장과 소비재 시장을 자유자재로 넘나듦에 따라 금은 다른 투자재 시장과는 달리 안정적으로 가격이 형성된다. 이것이 금의 독자적 특징이다. 가격 형성에 조금이라도 이상이 발생하면 반드시 반대 방향으로 현물이 움직인다. 가격이 너무 오르면 재활용 시장에 현물이 쏟아지며, 가격이 너무 떨어지면 장식품 매입이 급증하기 때문에 가격변동성이 낮다.

당연히 여기에는 태곳적부터 사람들이 금을 희소성이 높은 금속이라 여겼기 때문에 오랫동안 금이 화폐의 역할을 담당해온 역사적 배경이 있다. 이런 금의 역사 때문에 엄청 많은 비축량이 준비되어 있는 것이다. 또 이렇게 긴 역사는 조금이라도 시장의 가격 형성에 이상이 생기면 금 공급 측과 수요 측이 가격 형성을 정상화하는 합리적인 시장을 만들었다.

결코 금본위제라는 과거의 망령이라든가 집착이라든가 정체를 알 수 없는 '근본적 가치' 따위에 휘둘리는 것이 아니다. 그런 가설은 전혀 필요 없다. 금이 위기에 강한 것은 경제적 합리성만으로 설명 가능하다.

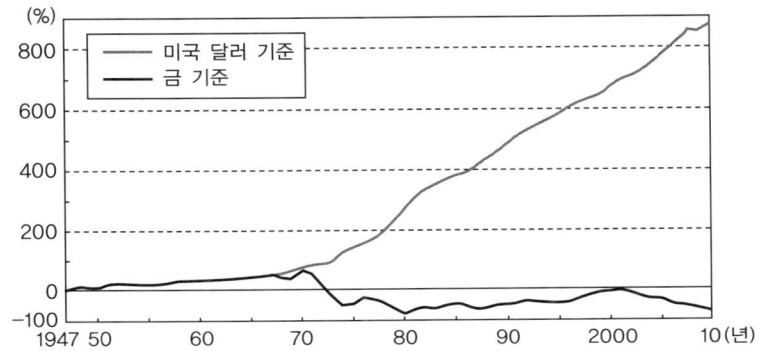

[그림2-5] 미국 달러와 금을 기준으로 측정한 소비자 물가지수(1947~2010년)

■ 1947년을 기준으로 한 누적 변화율. 1단위의 재화를 사기 위해 필요한 미국 달러(금)의 양이 1947년 시점에 비해 얼마나 증가(감소)했는지를 나타낸다.
(출처) MeasuringWorth.com, 미국 연방정부 노동통계국 데이터를 바탕으로 작성.

지금의 금값은 거품이 아니다

금의 가치가 오랜 세월 동안 매우 안정된 평가를 받아 왔다는 증거를 제시하겠다. [그림2-5]를 보기 바란다. 당연한 말이지만, 1971년에 당시 리처드 닉슨 미국 대통령이 '미국 달러와 금태환의 중지'를 선언하기 전까지는 달러를 기준으로 측정한 소비자 물가지수와 금을 기준으로 측정한 소비자 물가지수가 거의 동일했다. 그러나 미국 달러가 금이라는 '닻'으로부터 분리된 뒤로는 완전히 별개의 궤적을 그리게 되었다. 미국 달러 기준의 소비자 물가지수는 최근 들어 900퍼센트 가까이 상승했는데, 이는 미국 달러의 구매력이 10분의 1로 축소된 셈이다. 이에 비해 금을 기준으로 측정한 소비자 물가, 즉 같은 품질의 상품을 금 몇 그램으로 살 수 있느냐는 지수는

IT 버블의 전성기였던 2000~2001년에 수면 위로 살짝 떠오른 적이 있을 뿐, 그 외에는 대부분 마이너스 영역에서 변화했다. 경제 성장이 똑같은 물건을 값싸게 만들 수 있게 되는 것, 혹은 같은 값에 더 좋은 물건을 살 수 있게 되는 것임을 생각하면 이렇게 완만한 디플레이션이 계속되는 것은 매우 자연스러운 전개라고 할 수 있다.

최근 세계 경제나 국제금융의 권위자들이 금을 바탕으로 한 새로운 국제금융 시스템이 필요하다고 주장하는 일이 많다. 2, 3년 전까지는 상상도 할 수 없었던 변화다. 다만 현 시점에서는 금본위제의 완전 부활 같은 '과격'한 주장이 아니라 수많은 통화 중 하나로 금지금(金地金, 금 덩어리·골드바 등 원재료 상태의 순도 99.5% 이상인 금)을 정식 채택하면 국제금융의 안정이 높아지지 않을까라는 정도의 제안에 그치고 있다. 이러한 주장의 배경에는 공통된 우려가 있다. 즉 '어떤 현물의 뒷받침도 없는 불환지폐를 이용해 만든 금융 상품'은 실이 끊어진 풍선처럼 끝없이 위로 올라가 버리는 성질이 있다는 것이다. 게다가 이런 금융 상품이 한없이 팽창되지 못하도록 막는 역할을 하면서 물리적인 실체를 갖춘 것으로는 역시 금밖에 없다는 인식도 높아지고 있다.

그렇다면 실물경제와 유리된 금융 상품의 팽창을 막기 위해 금이라는 닻을 내린다면, 과연 금가격이 얼마여야 전 세계에 유통되고 있는 금융 상품에 닻을 연결할 수 있을까? 이 의문에 대답하기 위해 개발된 개념이 있다. 바로 금의 그림자가격(Shadow Price)이다. 미국 달러가 금이라는 닻과 연결되어 있던 1970년 이전에는 연준위의 금준비량과 기발행 미국 달러의 총액이 트로이온스당 35달러라는 기준으로 균형을 이루고 있었다. 비슷한 맥락으로 그림자가격은 현재 미국 정부와 연준위가 보유하고 있는 금준비량과 현재 미국 달러 발행 잔고가 균형을 이루기 위해서는 금가격이 얼마여야 하는지 나타낸 것이다.

2008년까지만 해도 금의 그림자가격은 계속 조금씩 상승은 했지만 트로이온스당 3,000달러를 조금 웃도는 수준에 머물러 있었다. 그런데 리먼 쇼크 이후 미국 정부와 연준위의 거침 없는 통화 공급 확대 정책으로 최근에는 8,000달러를 살짝 밑도는 수준까지 치솟았다. 금가격이 트로이온스당 8,000달러라는 결론에 대해서는 사람마다 다양한 의견이 있을 것이다. 받아들일 수도, 아닐 수도 있다. 그러나 현재 국제 경제에서 유통되고 있는 미국 달러의 양이 얼마나 급격히 불어나고 있는지는 충분히 이해할 수 있을 것이다.

최근 상승하고 있는 금가격을 보고 '버블이 아닐까?'라는 의심을 갖고 있는 사람이 많다. 그러나 오늘날의 금가격은 전 세계의 정부와 중앙은행이 화폐를 과도하게 공급하고 있는 상황을 그대로 반영한 것에 불과하다. 결국 금은 불환지폐를 마구 찍어 기발행 지폐의 총액이 늘어남에 따라 가격이 오를 수밖에 없는 것이다. 게다가 공급된 화폐는 은행 시스템을 통해 증식됨에 따라 더욱 가격이 상승할 수밖에 없다.

요컨대 금은 인플레이션에 대한 효과적인 헤지 수단이 된다는 말이다. 물론 인플레이션 헤지를 위한 다른 상품들도 있지만, 금은 가격변동성이 가장 낮은 상품으로 그들의 우위에 있다고 할 수 있다. 즉, 금은 '상품의 왕'으로 매입된다.

앞으로 금값은 오를까? 떨어질까?

지금까지는 금이 위기의 시대에 독보적인 수익률을 올린다는 사실을 역사적으로 살펴봤다. 그러면 2011년 3월 현재의 금가격 수준, 트로이온스당 1,440달러 전후는 장기적으로 볼 때 과연 어느 정도의 위치일까? 더 오를까? 떨어질까?

먼저 실제 가격 추이를 나타낸 그래프, [그림2-6]를 살펴보자. 트로이온스당 200달러대에서 500달러대가 오랫동안 계속다가 2006년 이후 갑자기 급상승하는 모습을 볼 수 있다. 투자 격언 중에 '신고가(新高價)는 좇지 말라'는 말을 곧이곧대로 따르며 이제 슬슬 가격이 떨어질 것이므로 지금 금에 투자하는 것은 바람직하지 않다고 생각하는 사람도 많을 것이다. 1989년 부동산 버블 이후 물가가 하락했던 일본에 살고 있다면 간과할 수도 있지만, 미국을 비롯한 여러 나라에서는 최근까지 상당히 높은 수준의 인플레이션이 계속되었다는 점을 유념해야 한다. 공식 통계상으로는 물가상승률이 많이 완화되었다고는 하나 여전히 꽤 높은 수준, 예를 들면 5~7퍼센트의 인플레이션을 지속하고 있다. 그래서 명목가격이 아니라 물가

[그림2-6] 금의 미국 달러 표시 명목가격(1971~2010년)

(출처) World Gold Council의 데이터를 바탕으로 작성.

수준을 고려한 실질가격을 기준으로 금가격이 어느 수준인지 살펴보는 것이 중요하다. 다음 [그림2-7]을 보자.

이 차트를 보면 현재의 금가격이 1980년 1월에 기록한 트로이온스당 850달러라는 금액에 훨씬 못 미치는 수준이라는 것을 알 수 있다. 1980년 1월 금가격 수준에 도달하기 위해서는 명목가격으로 트로이온스당 2,000달러가 넘어야 한다. 1980년 사상 최고가와 비교를 하는 것은 그 가격에도 매매가 성립된다는 것을 나타내기 때문에 중요하다. '이 가격도 너무 비싼 것은 아니다, 살 만하다'고 판단한 사람이 지구상에 적어도 한 사람이 있음을 나타내기 때문이다. 그때도 살 만하다고 생각한 사람이 있었으므로 이번에도 그렇

[그림2-7] 소비자 물가지수로 실질화한 금가격(1971~2010년)

(출처) World Gold Council, 미국 연방정부 노동통계국의 데이터를 바탕으로 작성.

게 생각하는 사람이 나온다 한들 전혀 이상한 일이 아니다. 그리고 그 수준까지는 아직 50퍼센트의 가격 상승 여지가 있는 셈이다.

1970년대 전반의 스태그플레이션에서 1980년대 후반의 개발도상국 채무 버블 붕괴까지, 미국은 통화 확대로 표면적인 번영을 간신히 유지해왔다. 미국이 BRICs나 중·동유럽 각국에게 통화 확대를 통한 번영을 부추기는 풍조 역시 이번이 처음이 아니다. 1980년대의 멕시코와 아르헨티나 채무 위기, 1990년대의 아시아 통화 위기와 러시아 국채의 채무불이행 등 불건전한 융자 대상에 대한 과잉 융자는 수없이 반복되어 왔다. 이어 1990년대의 IT 버블, 그리고 2000년대의 서브프라임 모기지 버블 등은 비록 현재의 경제 위기를 일으킨 문제이긴 하나 처음에는 화려한 이익률을 기록하며 금융 열풍을 주도했었다. 이것이 금의 실질가격 하락에 영향을 줬다. 따라서 과거 30년간에 걸친 실질가격 하락을 만회하려면 지금의 금가격은 약 50퍼센트 더 상승해야 하는 것이다.

종이돈 믿지 마라

지금까지 현재의 금가격이 거품인지 아니면 가치에 합당한 것인지, 혹은 부족한지 등을 소비자 물가지수 측면에서 살펴보았다. 이번에는 버블의 상징이라고도 할 수 있는 금융자산의 팽창과 비교해보도록 하자.

먼저 통화 공급량의 대표적인 지표인 M2의 총액에 대해 금가격이 어느 수준에 있는지 살펴보도록 하겠다. M2는 지폐나 경화로 구성되는 현금에 안정성이 높은 보통예금과 당좌예금, 정기예금, 외화예금을 더한 총액이다. 오랫동안 이 M2가 통화 공급량의 대표적 지표로 여겨져 왔는데, 일본에서는 2007년에 대대적인 재평가가 이루어져 현재는 조금 범위를 넓힌 M3가 통화 공급량의 대표적인 지표로 사용되고 있다.

트로이온스당 금가격은 역사적으로 봤을 때 미국의 통화 공급 총액의 몇 퍼센트 수준에서 움직여왔을까? [그림2-8]을 보자. 1971년 1월 시점의 통화 공급을 기준으로 실질화한 금가격을 100이라고 하면, 1980년 1월에는 800 근처까지 상승했다. 2000년

[그림2-8] 통화 공급(M2)을 기준으로 실질화한 금가격(1971~2010년)

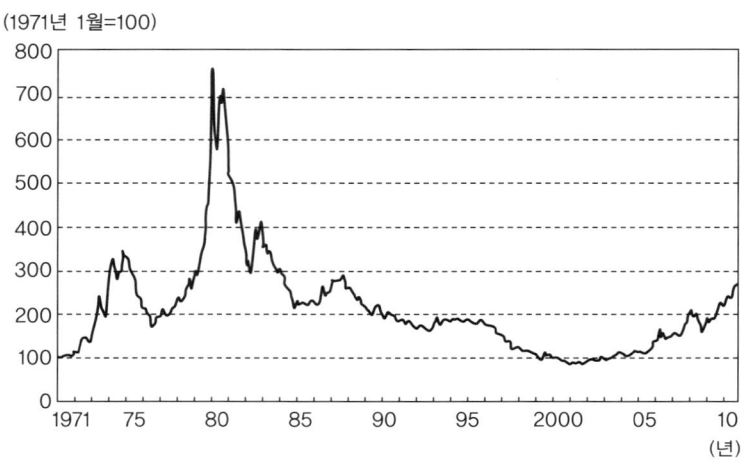

■ 1971년 1월의 금가격/M2를 100으로 놓았다.
(출처) World Gold Council, 미국 연방정부 노동통계국의 데이터를 바탕으로 작성.

경에는 일단 100 전후까지 떨어지며 바닥을 쳤지만, 그 직후 260 정도까지 회복되었다. 이 기준으로 보면 1980년 1월 수준을 회복하기 위해서는 금가격이 3,912달러까지 올라야 한다. 이것은 과거, 통화 공급이 급격한 속도로 증가해왔음을 명백히 보여준다. 경제 전체의 균형을 회복하기 위해서라도 통화 공급을 축소해 물가수준이 하락하는 디플레이션의 시기를 거쳐야 한다. 그러지 않고 미국 경제가 성장 궤도로 다시 진입하기는 매우 어려울 것이다.

거의 같은 패턴이지만, 미국 은행의 총대출액에 대한 금가격을 살펴봐도 역시 금은 크게 과소평가되어 있다. 미국에서는 신용카드

발급과 주택융자 등으로 인한 부채 경제화가 2007년경까지 진행되었다. 따라서 은행 대출 총액은 어마어마하다. 눈치챈 사람도 있겠지만 금가격의 상승 여지가 통화 공급 총량과 비교했을 때보다 더 크다. 미국의 총대출액에 대한 금가격 비율을 1980년 수준까지 끌어올리려면 지금의 금가격은 트로이온스당 4,925달러가 되어야 한다. 참고로 은행의 총대출액이 현 수준을 유지하면서 금가격이 여기까지 상승하는 것보다는 대출 잔액을 줄이면서 금가격의 상승폭을 조금 억제하는 방향으로 나아가는 편이 건전한 전개일 것이다.

이렇게 각종 경제지표와 비교해보면 금가격이 너무 비싸기는커녕 아직도 상승할 여지가 큰 투자 대상임을 알 수 있다.

3장

CRISIS GOLD

거품이 아니다

잉글랜드은행의 전 고문이자 런던경제대학교의 교수를 역임했던 윌렘 뷰이터(Willem Buiter)라는 경제학자가 영국을 대표하는 경제지 〈파이낸셜 타임스〉에 '금-6,000년이나 계속된 버블'이라는 제목의 글을 기고하여 물의를 빚은 바 있다. 뒤에서 차근차근 설명하겠지만 나는 이 글이 제목부터 모순 그 자체라고 생각한다.

6,000년이나 가격 거품이 있었다고?

뷰이터는 공업원료로서 금의 가치가 제로에 가까워졌다고 말했다. 기술이 발전하면서 금을 다른 금속으로 대체할 수 있게 됐다는 것이다. 장식품 수요에 관해서도 '고상한 은이나 다른 귀금속에 비하면 금은 경박할 뿐, 확실히 과대평가되고 있다, 보편적인 가치척도가 되어야 할 화폐로 금이 사용됐던 이유를 모르겠다'고 말했다. 그러면서 금에 대해 다음과 같이 말하며 기고문을 마쳤다.

나는 6,000년이나 계속된 버블에 정면으로 이의를 제기할 생각은 없다. 이미 6,000년이나 계속되어 왔으니 앞으로 6,000년은 더 계속될지도 모른다. 최근 가격인 트로이온스당 1,100달러가 곧 1,500달러로 오를지도 모르며 5,000달러까지 상승할지도 모른다. 아무도 예상할 수 없다. 그러나 나는 아무런 고유가치도 없고 모두가 그렇게 믿고 있다는 이유 이외에는 어떤 가치도 발견할 수 없는 금을 자산으로서 보유할 생각은 털끝만큼도 없다.

— 윌렘 뷰이터, '금-6,000년이나 계속된 버블', Willem Buiter's Maverecon(blog)

먼저, 뷰이터는 공업원료로서 금의 가치가 제로에 가까워졌다고 주장했는데, 이것은 말도 안 되는 소리다. 금은 우수한 열·전기 전도율과 유연함, 가공의 용이함, 얼마든지 얇게 펼 수 있는 전성(展性), 그리고 산에도 쉽게 용해되거나 부식되지 않는 내산성(耐酸性)을 가지고 있다. 여러 가지 강점들 때문에 여전히 공업원료의 자리를 지키고 있다. 다만 공업원료 외에도 장식품이나 무국적 통화로서의 수요도 만성적으로 높아 가격이 너무 비싸게 책정되고, 때문에 마음껏 공업원료로 사용할 수 없다는 점이 옥에 티일 뿐이다.

금이 공업원료로 쓰이는 경우를 간단히 설명하면 다음과 같다. 우주비행사가 사용하는 고글에는 시야를 방해하지 않으면서 강한 빛과 유해방사선을 반사하기 위해 아주 얇게 편 금이 붙어 있다. 지구상에 존재하는 금속 중에 유리와 거의 차이가 없을 만큼 투시성이 좋으면서, 얇게 펴지고 빛이나 유해방사선을 반사할 수 있는 것은 금밖에 없다. 물론 그 고글이 우주여행의 필수품이라는 것이 일반인에게 너무 먼 미래의 이야기로 들릴지도 모르지만 말이다.

좀 더 우리의 생활과 밀접한 예를 들어보자. 집적회로의 접점은 95퍼센트 이상이 금으로 덮여 있다. 금이 전기를 전도하는 성질이 매우 양호하기 때문이다. 또 위성이나 우주 탐사기에서 보내는 미약한 신호를 수십억 배로 증폭하는 회로의 접점에는 일반적인 집적회로보다 훨씬 많은 금이 사용된다. 이 회로는 아주 작은 일그러짐도 수십억 배로 증폭하면 회로 그 자체를 파괴할 정도의 광폭성을 발휘하기 때문에 특별히 기술적인 신뢰성이 보장되는 금을 사용한다.

한편 현재는 분실과 도난의 위험이 너무 높기 때문에 사용하지 않지만 옛날에는 왕족이나 귀족들이 금 그릇을 사용하는 일도 있었다. 손질을 조금만 게을리해도 금방 산화되어 검어지는 은 그릇보다 물로만 씻어도 광택을 유지하는 금 그릇이 훨씬 관리가 편했기 때문이다.

원자재로서 금 수요는 안정적이다

1트로이온스당 금가격과 은가격을 비교했을 때, 금이 은보다 10~15배 정도만 높았던 시대에는 금이 다양한 용도로 사용되었다.

하지만 최소 40배, 높을 때는 80~100배로 금가격이 높아지고 나서는 금은 엄선된 용도로만 사용하게 되었다. 이 말은 현재 금을 사용하는 부분은 다른 소재로 대체할 수 없다는 의미다. 그래서 금가격이 상당히 상승했는데도 계속 사용하고 있다. 사실, 금가격은 약 10년 전 트로이온스당 250달러 전후였다면 현재는 1,300~1,400달러로 5~6배로 크게 올랐다. 그에 따라 제조원가에서 금이 차지하는 비율도 10년 전 0.1퍼센트였던 것이 0.5~0.6퍼센트로 높아졌다. 원가에서 금이 차지하는 비율만 따져보면 아직 감당할 만한 수준인 것으로 사료된다. 그렇지만 이대로 계속 금가격이 상승한다면 분명 부담이 될 수 있다. 때문에 공업용 원자재로서 금을 대체할 수 없는 부분, 금이 아니면 곤란한 부분에만 사용되고 있는 것이 현실이다. 금가격이 이만큼 급상승했음에도 공업용 원자재로서의 수요량은 매우 견실한 추이를 보이고 있다.

[그림3-1]은 2007년에서 2010년까지 공업용 원자재로서 금의 수요를 분기별로 나타낸 것이다. 2008년 3사분기까지는 분기마다 110~120톤 정도로 안정되어 있었다. 그러다 2008년 4사분기부터 2009년 2사분기 정도까지는 리먼 쇼크의 영향으로 금의 공업 원자재 수요가 분기당 80톤 아래까지 떨어졌다. 그러나 그후 금가격이 계속 급등했음에도 공업용 수요는 순조롭게 회복되었다. 2010년 3사분기에는 105톤 정도까지 회복되었다. 누가 어떻게 생각해도 공업용 자재로서 가치가 사라지는 금속에 대한 가격과 수요 동향이라

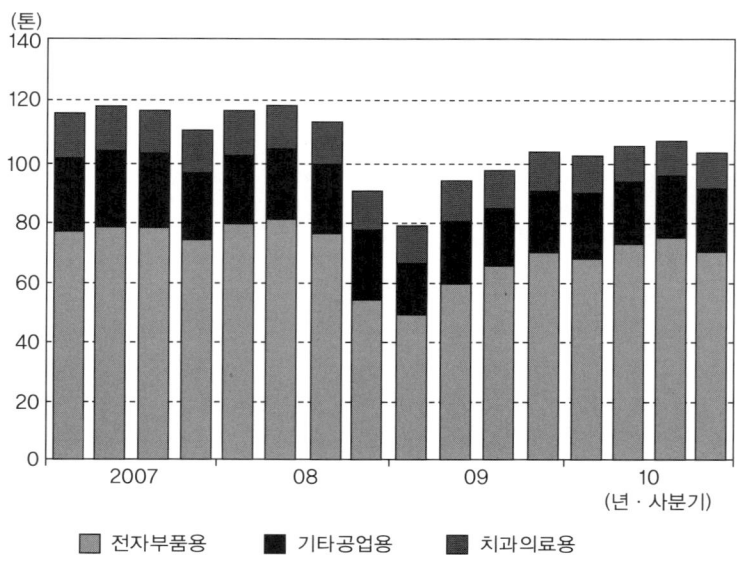

[그림3-1] 공업용·치과의료용 금의 수요(2007~2010년)

(출처) World Gold Council, Gold Demands Trends, Full year 2010.

고 보이지 않을 것이다.

개인적인 차이야 있겠지만 장식품 중에서 금은 경박하다는 느낌이 있다. 그러나 이것은 금이 인기가 많고 가격이 비싸 과시용으로 사람들이 많이 찾기 때문일 것이다. 만약 은이 더 비싸다면 모두 은으로 몰릴 것이고, 그러면 은빛이 더 경박하다는 느낌을 줄 것이다. 그러면 반대로 금은 고상하다고 평가받지 않겠나.

어쨌든, 뷰이터는 스스로 '6,000년이나 계속되었다'며 세상 사람들이 금의 화폐 가치에 대해 6,000년간 동의했음을 인정하면서도 '모두가 그렇다고 믿고 있을 뿐 실제 가치가 있는 것은 아니다'라고 단언하는 오만한 자세를 보였다. 뷰이터는 결국, 경제라는 것이 '사람들이 어떻게 생각하느냐'가 시장의 각종 가격으로 표현됨으로써 사회를 움직이는 시스템이 된다는 사실도 모르고 경제를 연구한 모양이다.

최고(最古)·최장(最長)의 경제 통계로 살펴보는 금값 동향

역사를 되돌아보면 실제 가치가 있는 귀금속을 척도로 하여 화폐를 발행했던 나라는 많다. 하지만 그 나라들이 모두 금본위제를 채용한 것은 아니었다. 실제로 중국과 그 외 동아시아 각국은 오랫동안 은본위제를 채용했다. 과거부터 현재까지의 누계 인구로 따져보면 금본위제보다 은본위제 속에서 산 사람이 더 많을 것이다. 그리고 언뜻 보면 금과 은은 실체적인 가치를 지닌 화폐라는 점에서 별다른 차이가 없어 보인다.

그러나 사실은 그렇지 않다. 엄연한 차이가 존재한다. 특히 금·은 가격배율로 살펴보면 그 차이는 분명하다. 여기서 금·은 가격배율(Gold Silver Ration, GSR)은 같은 중량의 금과 은의 가격을 비교한 것을 말한다. 금·은은 약 10세기 동안의 가격 데이터가 거의 남아 있다. 그 데이터를 근거로 작성된 금·은 가격배율을 보면 금이 은에 대해 안정적으로 높은 가격을 유지해왔음을 알 수 있다.

[표3-1] 초장기 금·은 가격배율: 기원전 3700년 이후 17세기까지의 단편적 사료

(금·은 가격배율)

	이집트	메소포타미아	페르시아	그리스	이슬람권	동로마 제국	서유럽
기원전 3700년	2.5						
기원전 2100년 전후		7~15					
기원전 2000년	2.0						
기원전 1750년		6.0					
기원전 1100년 전후	1.7						
기원전 700~300년	7.0~7.5						
기원전 500년 전후				13.3			
기원전 400년 전후			14.0				
기원전 300년 전후			10.0				
서기 600년대 전후					9~11	18.0	12.0
650년					10.0		
700년					11.8		
750년					13.5		
800년					15.2		
850년					17.3		
900년					15.7		
950년					12.0		
13세기							10~12
1560년대까지							11이하
17세기 초반							12를 돌파
17세기 말							15.0

(출처) 유아사 다케오, 《문명의 '혈액' – 화폐로 본 세계사》(신평론, 1988년)에서 금·은 가격배율에 관한 기술을 정리했다.

 금·은 가격배율은 같은 무게의 금가격을 은가격으로 나눠서 구한다. 구체적으로는 금의 트로이온스당 가격을 은의 트로이온스당 가격으로 나눈 값을 가리킨다. 예를 들어 금이 트로이온스당 1,400달러이고 은이 트로이온스당 35달러라면 금·은 가격배율은

40이 된다. 이렇게 금·은 가격배율을 계산해보면 평상시에는 거의 일정한 추이를 보이지만 세계적인 금융 위기가 올 때마다 계단을 하나 오르듯 비약적인 가격 상승이 있음을 알 수 있다. [표3-1]은 유사 이래부터 17세기 말까지의 금·은 가격배율을 단편적으로 정리한 것이다.

고대 이집트의 영내에는 은광이 없었고, 또 이집트는 비교적 폐쇄적인 문명권이었다. 그래서 고(古)왕조부터 신(新)왕조까지의 이집트에는 다른 지역에 비해 은가격이 상대적으로 높았다. 왕조의 극초기에는 금·은 가격배율이 1:1, 즉 금과 은을 똑같은 무게로 교환했다는 설도 있다. 그러나 비교적 신뢰할 수 있는 수치로 본 자료 중에서 가장 오래된 것을 보면 기원전 3700년경 이집트의 금·은 가격배율은 2.5로 금 1그램을 은 2.5그램으로 바꿀 수 있는 비율이었다. 반대로 수메르에서 바빌로니아에 이르는 고대 메소포타미아는 은광은 많았지만 금광은 적었던 듯하다. 기원전 2100년 전후로는 금 1그램을 은 7~15그램과 교환했다는 기록이 남아 있다. 그 후 기원전 500년경부터 메소포타미아 지역을 포함한 서아시아의 광대한 영역을 지배한 페르시아도 영토 내에 금광이 부족해 금 1그램 당 은 13.3그램이라는 높은 금·은 가격배율을 기록했다고 알려졌다.

고대 그리스 또한 대형 은광은 많았지만 거대 금 생산지가 없어서 비교적 금·은 가격배율이 높은 문명권이었다. 그리고 기원전

400~300년 이후로는 1870년대에 이르기까지 유럽 세계는 금·은 가격배율이 대략 10~16 전후를 유지하는, 엄청나게 긴 안정기가 있었다.

원자재로서 은 수요가 금 수요보다 더 많다

그런데 1930년대의 불황기를 거치면서 금·은 가격배율은 최소 20, 높을 때는 100에 육박하는 큰 편차를 보이게 된다.

여기서 주의할 것이 있다. [표3-1]과 [그림3-2]에서도 확인할 수 있겠지만 금·은 가격배율은 경제가 평온무사하게 운영되는 시기에는 매우 안정된 수준을 유지한다. 고대에서 중세로 전환되는 시기인 7세기경에 한 자릿수에서 10~12라는 두 자릿수로 상승한 뒤로는 다시 한 자릿수로 내려가지 않았다. 그때부터는 상당히 장기간에 걸쳐 10~12를 유지한 것으로 보인다. 그러다 서구 세계에 시장경제가 침투하는 17세기 말부터 15~16의 범위에 정착한다. 긴 안정기에서 벗어나 상승을 시작한 때는 1873~1896년의 대불황기였다. 그리고 이때 그전까지 유지하던 15~16의 범위를 돌파하자 그 뒤로는 거의 대부분 20 이상에서 거래되었다.

또한 대공황기였던 1930년대 내내 금·은 가격배율은 계속해서 급상승했고, 제2차 세계대전 중기인 1941~1942년에는 금·은 가격배율 연평균이 100인 수준에 도달했다. 제2차 세계대전이 끝나고 다시 평화가 찾아오자 금·은 가격배율은 급락했지만, 그래도 20 아

[그림3-2] 금·은 가격배율(1700~2010년)

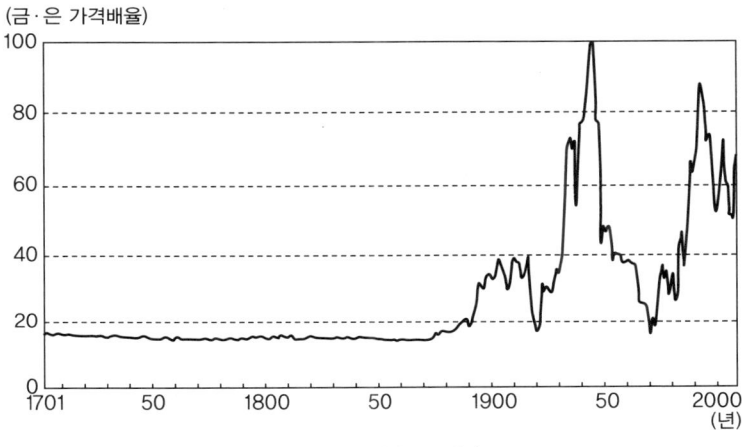

(출처) MeasuringWorth.com의 데이터를 바탕으로 작성.

래로 떨어지는 일은 없었다.

즉 과거 6,000여 년에 걸쳐 은에 대한 금의 희소성은 계속 높아져 왔다. '6,000년의 버블'이라는 윌렘 뷰이터의 말처럼, 금가격은 귀금속 시장에서 가장 유력한 대항세력인 은가격에 대해 수천 년 동안 일관되게 상승했다고 봐도 무방할 것이다.

이 장기적인 추세를 보고 한 가지 더 단언할 수 있다. 금과 은은 자산으로서의 성격에 확실한 차이가 있다는 점이다. 만약 공업용 수요를 중심으로 금·은 가격이 결정되었다면 6,000년이라는 긴 시간 동안 은에 대한 금의 가치가 지속적으로 상승하는 상황은 일어나지 않았을 것이다. 왜냐하면 공업용 원료로 금 수요보다 은 수요가 많은 때가 있었기 때문이다. 그렇다면 실제로는 오히려 은의 가격상승률이 더 높은 시대가 있어야 맞다. 은염 필름을 사용한 사진 현상기술이 개발되면서 은의 공업용 수요가 비약적으로 확대된 시기가 있었으므로 그 당시 은의 공업용 수요가 금의 공업용 수요보다 크게 높아졌었다. 한편 금의 공업용 용도는 그다지 획기적으로 확대된 시기가 없었다. 그런데도 금·은 가격배율은 거의 일관되게 상승했다.

장식품의 원재료라는 관점에서만 봐도 금의 수요가 은의 수요를 지속적으로 웃도는 상황은 이상하다. 뷰이터처럼 단순히 수요공급 측면에서 가격을 말하자면 금은 모두 남는 것 없이 다 팔리도록 상대가격을 결정해왔을 것이다. 금의 공급이 지나치게 확대되면 은에 대한 금가격은 하락하고, 금의 공급이 줄어들면 은에 대한 금가격이 상승하는 식으로 말이다. 그렇다면 역시 금가격이 하락하고 동시에 은가격이 상승하는 시기가 반드시 있어야 했다.

6,000년간 금값이 은값보다 높은 수준을 유지한 이유

그렇다면 금·은 가격배율이 이렇게 일관된 추세로 꾸준히 상승하고 또 금융 위기가 찾아올 때마다 더 크게 상승한 이유는 무엇일까? 이미 앞장에서 설명한 바 있지만, 사람들은 은보다 금이 위기일수록 가치가 높아지는 자산이라고 생각하기 때문이다. 이 점에 대해서는 다음 두 가지 포인트로 보충 설명하겠다.

첫째, 금 수요의 대부분을 차지하는 것은 장식품과 화폐·금융 상품이다. 1년간의 금의 용도별 수요를 따져보면 장식품이 60~70퍼센트, 지금·경화·메달 등의 투자용이 10퍼센트, 제조업 등의 원자재용이 10퍼센트를 차지하고 나머지 퍼센트가 ETF(Exchange Traded Fund, 상장지수펀드) 같은 펀드의 비축용이었다. 특히 제조업 등의 원자재로서의 금 수요는 다른 물질로 대체할 수 없는 용도에 국한되어 있기 때문에 안정적인 비중을 차지한다. 하지만 전체 수요에서 장식품용이 60~70퍼센트 차지하는 것에 비해서는 그 비중이 턱없이 적다. 다시 말해 원자재용으로서 금의 수요는 절대적인 수준이 낮고, 호황이나 불황에 상관없이 일정 수준의 수요를 가지고 있기 때문에 위기일수록 금의 가치가 높아지는 원인으로 볼 수 없다는 뜻이다.

한편 은은 금보다 공업용 소재로서의 수요가 훨씬 많다. 4~5년 전의 내역을 보면 은 수요 전체에서 제조업 등의 원자재용이 40퍼센트 정도를 차지했다. 그 밖에는 장식용이 30퍼센트, 사진필름용이 20퍼센트, 경화나 메달용은 적은 퍼센트였다. 사진필름까지 포함하면 60퍼센트 이상이 산업용인 것이다. 최근 들어 은이 필요하지 않은 디지털카메라가 급속히 보급되었으므로 현재는 조금 낮아졌을지도 모르지만, 은 수요의 절반 이상이 제조업의 원자재용임은 변함없을 것이다.

금융 위기가 심각해지면 당연히 세계 각국의 경제활동이 둔화된다. 그러면 은의 공업용 수요도 감소한다. 따라서 설령 화폐용 수요가 증가하더라도 공업용 수요가 감소하므로 은의 전체 수요는 금의 수요만큼 증가하지 않는다. 그래서 금융 위기가 수면 위로 드러났을 때 은가격이 금가격만큼 크게 상승하지 않는 것이다.

둘째, 금융 위기가 정말 심각해지면 전쟁이나 내란, 폭동 등으로 생명과 재산이 위험에 노출될 가능성을 진지하게 생각할 수밖에 없다. 어느 날 갑자기 되도록 많은 재산을 챙겨서 안전한 곳으로 피난해야 하는 상황도 일어날 수 있다. 그럴 경우는 중량당 가치가 높아짐을 줄일 수 있는 금이 은보다 유리하다. 그래서 금융 위기가 심각해질수록 귀금속 중에서도 금을 선택하는 사람이 늘어난다. 그런데 물류망과 통신망이 발달한 현대 사회에서 최대한 많은 자산을 짊어지고 국경을 넘어 도망쳐야 하는 사태가 정말 일어날까? 상상하기 어려운 이야기다. 그러나 모든 시장에서 전개되는 매매 행위에는 긴 역사 속에서 축적되어 온 인류의 지혜가 있는 법이다. 그런 시장에 금융 위기가 심각해질 때마다 금·은 가격배율이 상승한다는 경험칙이 형성되어 있는 이상, 조심해서 나쁠 일은 없다고 생각하게 될 것이다. 적어도 금융 공황이나 전쟁, 내란에 대한 경험이 많은 유럽인이나 중국인은 금융시장이 혼란할 때마다 진지하게 금을 축적하려 한다.

이렇게 보면 금과 은 모두 다른 귀금속에 비해 화폐로 훨씬 많이 이용된다는 공통점이 있지만, 화폐로서의 수요에서는 구조적인 차이가 있음을 알 수 있다. 그리고 그 차이가 세계 경제가 격동하는 시기에 더 크게 벌어지기 때문에 국제금융이 혼란에 빠질 때마다 금·은 가격배율이 상승한 것이다.

경제 위기에 금·은 가격은 어떤 추이를 보일까

금·은 가격배율은 금융 위기가 얼마나 심각해질지 알려주는 척도가 되기도 한다. [그림3-3]은 1971년부터 2010년까지의 금·은 가격배율을 금가격 추이와 함께 그린 그래프다. 다음 세 가지에 주목하며 그래프를 보기 바란다.

① 금과 은 모두 1985~2005년의 평온한 시기에는 금이 300~400달러, 은이 4~6달러라는 안정된 범위에서 가격이 형성되었다. 그러나 세계 경제가 격동하기 시작한 2006년경부터는 양쪽 모두 가격이 급격히 오르기 시작했다.
② 다만 위기의 시대로 접어든 뒤의 상승 곡선은 금이 훨씬 급격해, 2006년에 50 전후로 떨어졌던 금·은 가격배율은 서브프라임 모기지 사태와 거의 동시에 85~86까지 상승하며 정점을 찍었다.
③ '금·은 가격배율이 100이 되면 본격적인 공황'이라는 인식이 있다. 1971~2009년에 금·은 가격배율이 100에 근접한 적은 단 한 번밖에 없는데, 바로 1991년이었다. 이것도 흥미로운 사실이다.

재미있는 점은 1990~1991년이라는 시기에 미국에서 그렇게 큰

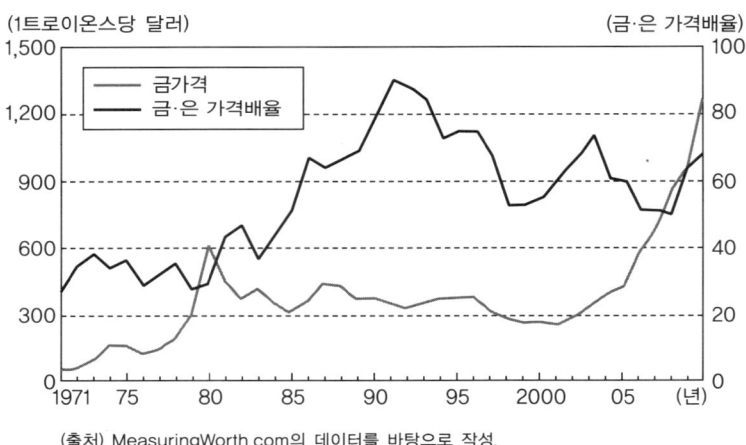

[그림3-3] 금·은 가격배율과 금가격(1971~2010년)

(출처) MeasuringWorth.com의 데이터를 바탕으로 작성.

규모의 금융 위기가 발생하지 않았다는 사실이다. 베를린 장벽의 붕괴라는 큰 사건이 있었지만 그것은 정치적, 사회적인 사건이고, 금융 업계에서 세계를 뒤흔들 만한 충격적인 사건은 일어나지 않았다. 굳이 찾자면 1986~1995년에 걸쳐 누계 2,730억 달러의 손실을 본 미국의 S&L(Savings and Loan Association, 미국의 저축대부조합)사태가 있었고, 1991~1993년에 북유럽에서 은행 위기도 발발하기는 했다. 그러나 S&L은 매우 장기간에 걸쳐 서서히 전개된 위기였으며, 북유럽의 은행 위기는 전 세계 금융 업계에 피해를 줄 정도의 규모는 아니었다. 1991년의 금·은 가격배율 상승을 불러온 가장 유력한 요인으로 생각할 수 있는 것은 제2차 세계대전 후 약 45년 동안 높은 성장률과 안정된 고용을 구가하던 일본 경제가 부동산 버블 붕괴로 기나긴 불황기에 접어든 시기였다는 사실이다.

결국 1987년의 검은 월요일부터 2000년의 IT 버블 붕괴까지의 기간 동안 금·은 가격배율이 100에 가까울 만큼 급상승한 것은 일본에서 부동산 버블이 붕괴되었을 때뿐이었다. 최근 들어서는 2008년 가을에 시작된 금융 공황으로 금·은 가격배율이 70에 도달할 만큼 상승했다.

금값이 하락할 때도 있었다

이번에는 100년 정도의 '단기간'보다는 조금 긴 750년 정도의 기간에 금가격이 어떻게 변동했는지 살펴보자. 이렇게 넓은 시야로 보면 금가격도 반드시 오르기만 한 것은 아니며, 높을 때도 있고 떨어질 때도 있었다는 사실을 알 수 있다. [그림3-4]는 7세기 반에 걸친 금가격의 추이를 실질가격 기준으로 살펴본 것이다. 1265~2009년의 금 실질가격 추이인데, 최대한 데이터의 연속성을 지키고자 미국 달러가 아니라 영국 파운드로 가격을 표시했다.

12세기 서유럽에서는 기온의 온난화와 함께 농업 생산력이 급속히 확대된 '르네상스'가 있었다. 이 르네상스 이후 유럽의 화폐 수요는 급격히 확대되었다. 그러나 당시 존재가 확인되었던 금광과 은광의 채광은 체감기에 접어든 상태였다. 화폐 수요는 많으나 공급이 적은 탓에 14~15세기 중반에는 금·은 가격이 급등했다. 게다

[그림3-4] 7세기 반에 걸친 금의 실질가격(1265~2009년)

(출처) 블로그 'Zero Hedge' 2009년 11월 18일 기사를 바탕으로 작성.

가 13세기까지 온난했던 서유럽의 기후가 14~15세기에는 한랭화되어 농작물의 수확이 감소되었다. 인심이 흉흉해지고 이단 심문과 마녀사냥 같은 편협하고 잔학한 종교의식도 점점 많아지고 있었다. 이런 상황 속에서 종교개혁파와 반(反)종교개혁파가 살육을 거듭하는 종교 전쟁의 시대로 돌입했다.

이 격동의 시대에 금가격도 상승했지만 그보다 은가격이 더 크게 상승했다. 당시 서유럽에서는 금보다 은을 화폐로 더 많이 사용하고 있었기 때문이다. 1998년의 달러로 환산해보면 1477년 은의 최고가는 806달러라는 엄청난 수준이었다. 최근 은가격이 트로이온스당 30달러로 오랜만에 가격이 높게 책정되어 화제를 모았는데,

1477년 은가격에 비하면 우스운 수준이다. 또한 1477년 금·은 가격배율은 10~12배라는 범위에서 일관되게 변동했을 터이므로 같은 시기의 금가격을 유추해보면 트로이온스당 8,000~9,700달러 정도였다는 것을 알 수 있다.

금값도 수요와 공급에 따라 변한다

금가격이 급등하자 그때까지 향료를 구하러 전 세계의 바다로 진출했던 대항해시대의 모험가들이 황금으로 뒤덮인 섬, 지팡구를 찾아 항로 개척을 시작했다. 그들은 결국 남미의 잉카제국과 아스테카제국을 정복하고 금광과 은광을 발견하였다. 지금까지도 유명한 포토시 은광과 같은 새로운 광산이 발견되면서 금·은의 공급이 증가했고 이에 따라 17세기 초반부터 18세기 후반까지는 금·은 가격이 하락했다. 그러나 1775년부터 1810년대까지 미국에서는 독립전쟁, 유럽대륙에서는 나폴레옹전쟁 등으로 위기가 계속되었다. 게다가 건국 직후였던 미국 연방정부는 이 시기에 금·은지금이 바닥난 상태에서 금·은을 온전히 보증할 수 없는 지폐를 대량으로 찍어냈다. 그 결과 일어난 인플레이션으로 지폐뿐 아니라 은지금까지 금에 대해 상대적으로 가치가 하락하였다. 그리하여 금가격은 1810년대 중반에 바닥을 친 뒤 상승세로 돌아섰다.

그후 완만하게 상승하던 금가격은 남북전쟁이 일어난 1860년대 초에 정점을 찍고 남북전쟁 후의 부흥기에 다시 하락세로 돌아섰다. 19세기 말부터 20세기 초반에는 선진국들이 파상적으로 금본위제를 도입할 때였는데, 그에 따라 물가는 점차 안정되고 위기일수록 금을 찾던 일들이 적어졌다. 그러면서 금 평가도 낮아졌고 금의 실질가격도 낮아지게 되었다. 이후 1920년대에 금융투자 열풍에 따른 인플레이션으로 금가격은 또 급락했고, 대공황기였던 1930년대에는 급등했다가 제2차 세계대전 후 다시 평화가 찾아오면서 하락했다. 1980년대 초반에는 인플레이션 환경 속에서 급등했다가 1980년대 이후 기나긴 하락 장세가 시작되었다.

이렇게 보면 금은 전체적으로 볼 때 다른 상품과 마찬가지로 수급 관계에 따른 가격추이를 보이고 있다. 게다가 각 시대별로 금광의 금 공급능력의 확대·수축을 거의 고스란히 반영했다는 인상이 강하다. 또 1848년의 샌프란시스코 근방의 금광 발견, 1890년의 알래스카 주 클론다이크의 금광 발견 같은 대형 금광의 발견은 불황으로 금가격이 급등함에 따라 금광 탐사의 기대수익이 상승한 시기에 맞춰 일어났다. 이는 반드시 뒤따라 일어나는 일이라고 해도 좋을 만하다. 이점에 대해서는 뒷장에서 자세히 설명하겠다.

대표적인 상품 전체의 실질가격은 7세기 반이라는 넓은 시야에서 보면 거의 동일한 가격 주변에서 불규칙하고 동향을 읽을 수 없는 난보(Random Walk)를 보인다. 그러나 금의 경우는 수급 상황을 정확히 읽으면 중장기 예측이 가능한 추이를 보인다. 공급 부족으로 가격이 오르면 반드시 커다란 금광이 발견되어 금의 총량이 증가하면서 수요와 공급이 새로운 균형점에서 안정되는 패턴이다.

담배나 모피가 화폐로 사용되기도 했다

더 중요한 점은, 화폐 공급의 기반에 금이 있었던 시대를 살펴보면 화폐 공급량 전체가 경제발전과 궤를 같이 하며 확대됐다는 사실이다. 인플레이션 또는 디플레이션으로 기울어지는 일이 없었다. 실제로 금본위제 폐지 이전의 식민지 시대부터 현대에 이르는 미국의 물가 동향만 봐도 알 수 있다.

사실 식민지 시대 후반의 미국에서는 금·은지금이 극도로 부족해 남부에서는 담배, 북부에서는 비버 등의 모피를 화폐로 사용했다고 한다. 또한 식민지 시대 후반인 1690~1774년 미국에서는 최초의 불환지폐가 발행·유통되었으며, 그 영향이 독립전쟁을 위한 전비 조달과 겹치면서 1770년대에 심각한 인플레이션이 4~5년간 계속되기도 했다. 그러나 1913년에 연준위가 창설되기 전까지 미국의 화폐 가치는 인플레이션이 발생하면 반드시 그 반동으로 디플레이션이 발생하고 디플레이션이 발생하면 인플레이션이 발생하는, 중장기적으로는 물가수준이 극단적으로 변동하지 않는 구조가 확립되어 있었다.

그렇다면 그때까지는 어떤 기관이 미국의 통화 공급을 담당하고 있었을까? 이것이 상당히 복잡하다. 연방정부의 재무부가 통화 공급권을 독점한 적도 있었지만 그렇게 장기간은 아니다. 지금의 연준위가 독점하기 전 1791년과 1816년의 두 차례에 걸쳐 창설된 제1합중국 은행과 제2합중국 은행이 통화 공급권을 가지고 있었으나, 둘 다 20년의 면허가 만료되었을 때 면허를 갱신하지 못하고 해산되었다. 특히 제2합중국 은행의 경우는 당시 대통령이었던 앤드루 잭슨(Andrew Jackson, 1767~1845)과 제2합중국 은행 총재인 니콜라스 비들(Nicholas Biddle, 1786~1844)이 은행의 존속을 둘러싸고 일대 논쟁을 벌였지만, 결국 거대한 금융 권력의 성립을 우려한 대통령이 승리해 제2합중국 은행은 폐쇄되었다.

연방 재무부도 주 정부도 아닌 대형 은행이 거의 자유롭게 지폐를 발행할 수 있었던 시대도 있었다. 글린 데이비스의 『돈의 역사』라는 책에 따르면 1859년에 발행된 미국의 화폐 연감에는 1,365개의 은행이 발행한 9,916종류의 은행권이 실려 있었으며,

그 외에도 멀쩡히 유통되던 은행권이 200종류는 있었다고 한다. 이들 은행은 금준비(중앙은행이 은행권의 태환에 응하기 위해 보유한 금화나 금지금)를 기초로 은행권을 발행했지만, 발행량이 초과하여 파산하기도 했다. 지금처럼 화폐 발행권이 한정된 사회에 사는 우리들은 이런 시대를 되돌아보면 쓸데없이 복잡하고 비효율적인 사회였다고 상상하기 쉽다. 그러나 중요한 사실은 1913년 이전에는 장기적으로 물가가 지나치게 상승하지도 하락하지도 않으며 안정적이었다는 것이다. 어째서 연준위가 발족한 후에 일방적으로 인플레이션만 계속되는 세상이 되어버린 것일까?

귀금속본위제의 시대에는
인플레이션도 디플레이션도 계속되지 않았다

인플레이션이었던 시기와 디플레이션이었던 시기의 비율을 보면 18세기 후반, 특히 남북전쟁 시기에 인플레이션의 경향이 조금 강했던 것을 제외하고는 거의 균등했다. 게다가 단기적으로 인플레이션과 디플레이션이 교대로 반복되면서 전체적으로는 물가수준이 거의 변하지 않는 시대가 약 2세기 반 동안 계속되었다고 추측할 수 있다.

그런데 1913년에 연준위가 설립된 뒤로는 명백히 인플레이션 쪽으로 편향된 금융·재정 정책이 실시되었다. 당연히 그 결과 인플레이션이 장기간 계속되어 화폐 가치는 극한까지 떨어졌다.

또 매해의 물가 변동만 봐서는 몇 년간의 경향이 인플레이션이었는지 디플레이션이었는지 파악하기 힘들어졌다. 그러나 다음 [그림3-5]를 보면 18세기 후반과 남북전쟁 전후에 작은 인플레이션의 산이 있는 것을 제외하고 17세기 후반부터 19세기 말까지 250년 동안 물가수준이 거의 변하지 않았음을 알 수 있다. 이 250년 동안은 미국 경제사에서도 매우 급격한 발전이 진행된 시기인데도 말이다.

이 그래프는 1982~1984년의 소비자 물가 평균치를 100으로 지수화하고 그것을 기준으로 그 외 해당년도의 소비자 물가를 로그로 나타낸 것이다. 그래프에 있는 검은 동그라미 네 개는 순서대로 다음의 변화가 일어난 해를 강조하기 위해 그린 것이다.

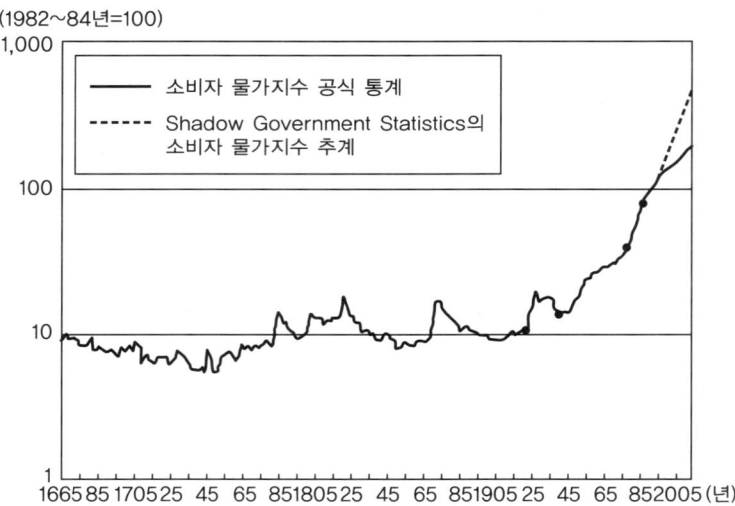

[그림3-5] 미국의 소비자 물가지수(1665~2009년)

■ 1982~1984년의 평균을 100으로 삼은 지수·로그 표시
(출처) 블로그 'Shadow Government Statistics' 2009년 12월 2일 기사를 바탕으로 작성.

첫 번째 동그라미는 연준위가 발족한 1913년의 이듬해인 1914년에 소비자 물가수준이 10을 넘었음을 나타낸다. 두 번째 동그라미는 루스벨트 대통령(Franklin Delano Roosevelt, 1882~1945)이 사실상 금본위제를 중지한 시점을 나타낸다. 세 번째 동그라미는 1971년에 닉슨 대통령(Richard Nixon, 1913~1994)이 미국 달러의 금태환 정지를 선언한 시기이며, 네 번째 동그라미는 1980년에 소비자 물가지수의 산출법이 크게 변경되어 공식 통계상의 물가상승률이 낮아졌음을 나타낸다.

특히 중요한 것은 1665~1745년의 80년과 1815~1860년의 45년, 남북전쟁 중의 짧은 인플레이션 시기가 지난 직후인 1865~1905년의 40년 동안 거의 일관되게 완만한 디플레이션 경제가 계속되었다는 점이다. 이 세 기간 동안 미국 경제는 독일에 이어 영국까지 제치고 세계 최대의 경제대국이 될 만큼 급성장했다. 즉 디플레이션이 경제 성장의 장애물이 되지 않는 것이다.

디플레이션이 나쁜 것만은 아니다

많은 사람들이 금본위제의 본질적인 결함으로 금의 공급량을 든다. '금의 공급량이 제한되어 있어 경제발전에 필요한 통화 공급의 확대가 불가능하다, 즉 모든 물건과 서비스의 가격이 떨어지는 디플레이션이 되어버리기 때문에 금본위제는 안 된다'는 것이다. 그러나 장기적인 시야로 보면 금본위제가 화폐 공급량을 제약해 경제 성장을 방해하는 일은 없다. 금의 희소성이 높아지면 금가격만 상승하고(일반 물가는 하락하고), 값이 오른 금을 증산하려고 노력해 금의 공급량도 증가하기 때문이다.

또 디플레이션은 경제 위축과 통화 공급 수축이라는 악순환을 일으키기 때문에 막아야 한다는 논리를 주장하는 사람들도 있다. 그것은 앞의 주장과 논점만 미묘하게 바뀌었을 뿐 같은 맥락의 주장이다. 이런 주장을 가만히 따져보면 관료와 은행의 시장 개입을 허용하는, 다시 말해 시장의 자동조정 메커니즘을 인정하지 않는 태도라는 것을 알 수 있다. 그러면서 이들은 디플레이션이 지나친 통화 공급을 막고 미래의 통화 공급량 확대를 자극한다는 사실은 절대 인정하지 않는다. 일반 경제는 자유방임을 해도 되지만 통화 공급과 금리수준만큼은 관료와 은행이 분석과 판단에서 결정해야 한다는 것이 그들의 논리다.

통화 공급, 화폐 공급이라는 것은 상당히 어렵고 실수할 확률이 높은 일이다. 게다가 인간의 힘으로 행하고 저지하기 힘들다. 그러나 지적 엘리트들은 일반 대중 위에 군림할 근거로 이것을 이용한다. 그래서 통화 수급을 시장에 맡기는 것을 반대한다.

그 한 예로, 노벨 경제학상을 단독 수상한 폴 크루그먼(Paul Robin Krugman)은 새삼스럽게 '디플레이션의 해악에 관해'라는 짧은 글을 썼다. 그 요지는 다음과 같다.

■ 디플레이션의 해악 1: 물가가 하락하면 사람들은 앞으로 더 떨어질 것으로 기대하고 상품을 사지 않게 된다. 그래서 경제 전체가 점점 위축되는 악순환에 빠지고 만다.

■ 디플레이션의 해악 2: 디플레이션이란 상품 가격이 떨어지는 것이다. 이 말은 물건 가치는 떨어지고 돈의 가치가 상승한다는 뜻이다. 즉 인플레이션일 때는 물가와 임금이 상승하는 가운데 빌린 돈의 가치가 감소하므로 실제 상환 부담은 줄어들지만 디플레이션일 때는 빌린 돈의 가치가 증가하므로 상환 부담이 상승한다. 물가와 임금이 하락하는데 빌린 돈의 금액은 똑같기 때문이다. 그러므로 디

플레이션이라는 것은 빚이 있는 사람에게 불리하며 돈을 빌려주는 사람들에게 유리한 경제 현상이다.

■ **디플레이션의 해악 3**: 디플레이션일 때는 임금도 하락할 수밖에 없지만 명목임금은 좀처럼 떨어지지 않는다. 그러면 노동자들이 임금 인하를 받아들이도록 겁을 주고자 필요 이상으로 실업률을 높이게 된다.

– 블로그 'Pragmatic Capitalism' 2010년 8월 3일 기사를 번역

만약 사람들이 물가가 더 떨어질 것을 기대하고 물건을 사지 않는다면 균형점을 벗어나 값이 떨어진 물건은 수요와 균형이 어느 수준에 어떻게 일치될지 알 수가 없다. 이 주장에 따르면 조금이라도 가격이 떨어진 물건은 전혀 팔리지 않게 되는 극한까지 가격 하락이 계속된다. 반대로 값이 오른 물건은 더 오르기 전에 사두자고 생각해 수요가 급격히 확대되고 그러면 값은 끝도 없이 오른다.

애초에 모든 사람들의 소득은 같지 않다. 물가가 하락하면 지금까지 비싸서 사지 못했던 물건을 살 수 있게 되는 사람이 생기므로 수요가 확대되어 새로운 균형점이 생긴다. 그렇지 않다면 생산기술의 혁신으로 가격이 저렴해진 물건은 수요와 생산량이 확대되고, 그렇지 않고 가격이 변하지 않은 물건, 오히려 가격이 오른 물건은 수요가 그대로이거나 축소되는 현상을 설명할 수 없다.

폴 크루그먼은 틀렸다

'빚을 지고 있는 사람에게 불리하고 돈을 빌려주고 있는 사람에게 유리하다'는 말을 들으면 서민들은 흔히 자신 같은 가난한 사람에게 불리하고 부자에게 유리한 경제환경이라고 오해하기 쉽다. 크루그먼도 그 점을 노린 것 같지만 여기에 속아서는 안 된다. 경제를 전체적으로 보면 개개인은 언제나 채권자이며 정부와 거대 기업, 금융기관은 항상 채무자다. 똑같이 돈을 빌리는 것이라 해도 생계를 위한 것도 아니고 재산을 쌓을 목적으로 '언제라도, 얼마든지, 몇 번이라도' 빌릴 수 있는 것은 '신용도가 높은' 정부와 거대 기업, 금융기관뿐이다. 우리 서민이 빌리는 돈은 고작해야 주택 구입을 위한 대출금 정도다. 게다가 빌릴 수 있는 한도도 얼마 되지 않으며, 평생에 걸쳐 여러 번 빌릴 수 있는 것도 아니다. 그리고 명목임금의 하방경직성(수요공급원칙에 따라 본래 내려가야 할 가격이 내려가지 않는 경우) 때문에 실업이 증가한다는 주장도 틀렸다. 이 주장은 역사적 사실에 비추어봐도 잘못되었다. 임금의 하방경직성 때문에 실업률이 상승할 수밖에 없었던 것이 아니라 1929년의 대공황 직후부터 실업률은 급상승하고 임금은 급락해온 것이다.

이 비참한 현실의 진짜 원인을 직시하지 않고 '임금은 높은 수준을 유지하고 있는데 노동자 세대(世帶)가 미래에 대한 불안감 때문에 소비를 줄이고 저축을 늘린 것이 경제 위축의 원인이었다'라고 주장하는 것은 근본부터 잘못된 논리다. 이것은 '무지한 대중이 자주적으로 판단하도록 맡겨두면 경제는 제대로 돌아가지 않는다, 판단은 소수의 엘리트가 독점하는 편이 대중에게도 좋다'는 지적 엘리트의 독선적인 발상에 불과하다. 이들은 그와 같은 맥락에서 '노동자 세대가 불필요한 저축을 쌓아두고 있는 탓에 유효수요가 확대되지 않는다, 적자 재정으로 공공사업을 수행해서라도 유효수요를 확대해야 한다'고 주장한다. 이것 또한 대중이 각자 판단하면 경제가 원활하게 돌아가지 않고, 지적 엘리트들이 대중을 대신하여 돈을 사용해야 수급의 균형을 잡을 수 있다는 주장이다. 시장의 자동 조정 메커니즘과는 전혀 다른 엘리트주의적인 정책 논의인 것이다.

대공황의 진실

아직 대공황을 생생하게 기억하는 사람이 많았던 1960년에 미국의 경제사가(經濟史家)인 데이비드 섀넌이 『대공황』이라는 책을 출간했다. 이 책의 장점은 통계적 데이터를 통해 생생하게 대공황 시대의 목소리를 들려줬다는 데 있다. 그것도 케인즈주의자 대 통화주의자의 논쟁과는 무관하게 말이다.

'머리말'에서 섀넌은 이렇게 말했다.

> 대공황이 시작되자 공업계의 재벌들이 생산을 줄여 수요 감퇴에 대처한 데 비해, 생산을 조절하기 어려운 농민들은 소득을 유지하기 위해서라도 농작물을 더 심는 것밖에 방법이 없었다.
> — 7페이지

또한 임금의 하방경직성 같은 주장은 새빨간 거짓말이라는 것도 다음과 같이 증명했다.

전국산업회의 위원회에 보고된 각 산업의 1929년 평균 주급은 28.50달러가 넘었지만, 1930년에는 25.74달러로 저하되었고 1931년에는 22.64달러에 불과했다.
— 20페이지

불과 2년 사이에 약 20퍼센트나 임금이 하락했다. 도대체 무엇을 보고 임금의 하방경직성 같은 헛소리를 퍼트린 것일까? 게다가 이 기간 동안 실업자 수도 급증했다.

1930년 3월의 실업자 수는 325만 명에서 400만 명 이상으로 추정되었다. 1년 뒤에 그 수는 배로 늘어나 750만 명에서 800만 명에 이르렀으며, 1932년 3월에는 약 50퍼센트가 더 증가해 추계로 1,125만 명에서 1,250만 명을 기록했다.
— 18페이지

보다시피 임금의 하락과 실업자 수의 급증은 완전히 병행적으로 진행되었다. 이런 환경 속에서 아직 일자리를 지키고 있었던 노동자들이 만일의 사태에 대비하고자 얼마 안 되는 수입을 쪼개 한 푼이라도 더 저축하려 한 것은 당연한 현상이라 할 수 있다.

디플레이션이 정말 경제를 위축시켰을까

디플레이션이 경제 위축의 악순환을 부른다는 것도 역사적 사실과는 정반대의 주장이다. 1873~1895년은 세계적인 디플레이션의 시대였지만, 미국 경제와 독일 경제가 비약적으로 발전한 때는 바로 이 시기였다. 다만 1930년대의 대공황기는 분명히 디플레이션과 생산성의 수축이 공존한 참담한 시대였다. 그러나 그 이유는 결코 디플레이션이 금융 수축과 실물경제 위축의 악순환을 일으켜서가 아니다. 1920년대 말, 자동차 업계의 걸리버형 독과점기업(한 회사가 압도적으로 강력한 가격지배력과 생산 능력 지배력을 가진 과점기업)이던 제너럴모터스(이하 GM)가 생산량을 3분의 1에서 4분의 1까지 줄이는 엄청난 생산 축소를 단행했다. 게다가 GM을 거슬렀다가는 도산할지도 모른다고 우려한 포드와 크라이슬러도 이 움직임에 동참할 수밖에 없었기 때문에 자동차 업계의 전체 생산량이 격감했다. 그 파급효과로 미국 경제 전체의 GDP 수준은 최고였을 때에 비해 30퍼센트 이상 떨어져 버렸다.

대공황은 경제 전체가 3불™ 상태에 빠지는 것이다. 즉, 본래 생산 확충이나 연구 개발에 투자해 경제를 발전시켜야 할 민간 기업이 '투자하지 않는' 상태가 된다. 또 본래 유망 기업과 유망 프로젝트에 자금을 융자해야 하는 은행이 '돈을 빌려주지 않는' 상태가 된다. 그리고 본래 풍요로운 생활을 위해 소비를 늘려야 할 가계가 '돈을 쓰지 않는' 상태가 된다. 경제가 이런 상태에 빠진 것에 대해 가장 큰 책임을 물어야 할 곳은 어디일까? 민간 기업일까, 금융기관일까, 아니면 가계일까? 나는 거대 기업과 대형 금융기관의 경영 간부 몇 명이 너무 거대한 시장지배력을 쥐고 있는 데 문제의 본질이 있다고 생각한다. 그래서 GM이 생산량을 60~70퍼센트나 줄여도 경쟁사에 시장을 빼앗길 걱정을 하지 않을 수 있었던 것이다.

그러나 이른바 케인즈주의적인 경제학자들은 임금에 하방경직성이 있어 수입은 그다지 줄지 않았는데도 미래에 대한 불안감에 소비를 줄이고 저축을 지나치게 늘리는 경향이 있다며, 책임을 가계 부분에 뒤집어씌우려 했다. 마치 일류 기업이나 대형 금융기관이 잘못된 행동을 할 리가 없다, 누군가가 잘못을 했다면 범인은 무지한 대중임에 틀림없다고 정해놓고 디플레이션의 경제를 분석한 듯한 느낌이다.

저축은 오답, 소비가 정답?

최근 들어 피상적인 케인즈주의 경제학을 바탕으로 저축은 악의 근원이며 소비 확대가 경기 회복의 열쇠라고 주장하는 사람을 간혹 볼 수 있다. 이 주장의 밑바탕에도 엘리트주의적인 사상이 깔렸다.

원조인 케인즈(John Maynard Keynes, 1883~1946)가 '저금은 악, 차입을 통한 소비가 선'이라는 차입교(借入敎)의 교의를 처음 제창했을 때는 경제 전체가 '유동성의 덫'에 걸리면 저축 과잉이 심각한 문제가 된다는 주석을 다는 등, 나름 정도가 있었다. '유동성의 덫'

이라는 것은 간단히 말해 다음과 같은 논리다. 금리 인하는 경제를 자극해 활성화시키는 효과가 있다. 그러나 마이너스 금리까지 내려가기는 거의 불가능하므로 어느 정도까지 금리가 내려가면 그 이상의 금리 인하는 경제 자극 효과가 없다는 말이다. 그런데 '신케인즈주의' 정책을 주장하는 사람들 중 일부는 경제 성장을 위해서는 저축이 필요하다는 경제학의 전제 자체가 틀렸다고 주장한다. 애초에 사회 전체가 저축을 하는 것이 불가능하다는 것이다. 그러나 저축이 경제 성장의 전제가 된다고 말할 때 사회 전체의 저축을 가정하는 것은 어리석은 일이다. 사회 전체가 빈티지 와인만 만드는 것도 아니고, 그냥 놔두기만 해도 자동으로 가치가 상승하는 상품은 없기 때문이다.

    저축이 경제 성장에 필요한 이유는 다음과 같은 사회적 메커니즘을 전제로 삼기 때문이다. 어떤 시기에 생산된 상품을 가계 등이 전부 사용해버리면 이듬해의 생산과정에서는 생산량을 늘리지 못한다. 그러나 가계 등이 저축이라는 형태로 투자재원을 확보한다면, 기업은 그 분량만큼 생산활동에 투자할 수 있게 되고 그만큼 생산량을 확대할 수 있다. 일반적으로 볼 때, 가계가 저축을 해서 사용하지 않은 물건의 양이 많을수록 기업은 투자에 사용할 수 있는 물건을 값싸게 대량으로 손에 넣을 수 있게 된다. 따라서 이후의 경제 성장률도 높아진다. 이것은 호황이든 불황이든 마찬가지다. 호황일 때는 저축을 많이 하는 편이 좋지만 불황일 때는 소비를 많이 하는 편이 좋다는 식의 문제가 아닌 것이다.

대공황일 때 무슨 일이 일어났던 것일까

그러나 현실을 들여다보면 1930년대의 대공황 때는 기업의 생산활동이 극단적으로 위축되었다. 대기업이 이익을 확보하는 수단으로 생산 축소를 아무런 부담 없이 선택할 수 있었기 때문이다. 기업이 자사의 수익성만을 생각한다면 불황일 때 투자를 계속하는 일은 있을 수 없다. 그러나 1870~1890년대의 대불황 때에는 경쟁사에 자사의 시장을 빼앗길지도 모른다는 우려로 어떤 대기업도 생산활동을 마음대로 축소하지 못했다. 자신들의 손익만 생각했다면 절대 하지 않았을 투자를 1870~1890년대에도 지속했기 때문에 디플레이션 속에서도 경제 성장을 가속할 수 있었다. 당시의 인기 산업이었던 제철, 조선, 화학, 해운, 철도 같은 분야는 독과점 없이 비교적 건정한 경쟁을 펼쳤던 시장이었기 때문에 설령 1위 기업이라 해도 자사의 손익만을 중시해 혼자 경영 규모를 축소했다가는 타사에 시장점유율을 빼앗길 우려가 있었다. 그래서 경영이 힘든 상황에서도 투자와 생산 확대를 계속할 수밖에 없었다.

그리고 1870~1890년대의 대불황과 1930년대의 대공황 사이에는 아주 커다란 차이점이 하나 있다. 19세기 후반의 주도산업인 용광로 제철산업에서는 US스틸(U.S. Steel)의 피어폰트 모건(John Pierpont Morgan, 1837~1913)과 앤드루 카네기(Andrew Carnegie,

1835~1919)가 아무리 기를 써도 걸리버형 과점이 성립할 수 없었지만, 20세기 전반의 주도산업인 자동차산업에서는 GM이 너무나 간단히 걸리버형 독점을 확립했다는 점이다. 그래서 GM은 다른 회사에 시장점유율을 빼앗길 걱정 없이 자사의 이익만을 생각해 엄청난 생산 감소를 단행할 수 있었던 것이다. 그 결과 미국의 노동력 인구 중 4분의 1이 일자리를 잃고 생활 수준도 정점이었을 때의 70퍼센트 미만으로 떨어지는 비참한 실물경제의 위축이 발생했다. 과거의 대불황 때도 경험한 적 없는 것이었다. 결코 디플레이션 때문에 불황이 계속된 것이 아니다.

임금은 내려가고 실업률은 높아지는 사회에서 노동자가 미래에 불안감을 느껴 저축을 늘리는 것은 당연하다. 경제적 합리성도 있다. 문제는 노동자가 저축을 늘림으로써 값싸게 대량으로 손에 넣은 생산재를 기업이 신규 사업이나 기존 사업의 경영 규모를 확대하는 데 거의 사용하지 않았다는 사실이다. 그것은 업계의 1위였던 GM이 업계 전체에 대규모 생산 감소를 강요하여 더 심화되었다.

즉, 핵심은 시장 메커니즘의 자동조절 기능을 저해할 만큼 걸리버형 독점기업의 시장 지배가 진행되었다는 것이다. 임금의 하방경직성이라든가 유동성의 덫 같은 것은 그에 비하면 아무것도 아니다. 지적 엘리트주의를 한껏 담은 이 억지는 대공황의 원인을 다른 곳으로 돌려 걸리버형 과점에 면죄부를 준 것에 불과하다.

미국은 이 대공황을 제2차 세계대전에 따른 '군수·통제 경제'화로 극복했다. 게다가 1971년에 닉슨 대통령이 '미국 달러의 금태환 정지 선언' 이후로 비교적 균질한 개인의 부를 자랑하던 미국 경제는 세계 유수의 빈부격차를 자랑하는 경제로 변질되어 갔다. 그리고 이 변질의 종착점에 서브프라임 모기지 사태가 있다. 바로 거액의 보수와 보너스를 받아온 거대 투자은행의 플레이어들이 신용카드도 발급받지 못하는 빈곤한 세대에게 무책임하게 빌려준 주택담보대출을 말한다. 그것은 말 그대로 허식에 찬 번영이었다.

이런 시스템의 바탕에는 다름 아닌 지폐의 공급량이 있다. 어떤 의미에서는 절대적인 기준이 아니라 극소수의 명석한 사람이 자유재량으로 결정하는 공급량 말이다. 그런데 여전히 저축 과잉과 디플레이션이 대공황의 원흉이었다고 주장하는 사람들이 있다. '일단 소비를 확대하는 것이 불황 탈출의 열쇠다, 그러니 대출을 늘리자'라고 끊임없이 주장한다. 만약 가계가 대출을 받아서까지 소비를 확대할 만큼의 신용이나 용기가 부족하다면 정부가 국채를 발행해 빚을 져서라도 소비를 확대하자는 식이다.

4장

CRISIS GOLD

금본위제 붕괴의 진실

　지금도 진지하게 금본위제가 붕괴된 원인을 금을 공급하는 데 제약이 있기 때문이라고 말하는 사람이 있다. 전 세계의 주요 국가가 금본위제를 채용했던 시대에는 금의 공급 제약으로 인해 통화 공급이 부족했기 때문에 디플레이션 압력이 강했다는 것이다. 따라서 두 번의 세계대전이 없었어도 금본위제는 자연스럽게 소멸했을 것이라 말한다. 불행하게도 그런 주장을 하는 사람들은 국제 경제와 금융을 움직이는 주류파이다.

　1971년에 닉슨 대통령이 '미국 달러의 금태환 정지'를 선언함에 따라 세계 각국은 불환지폐제로 이행했다. 그리고 불환지폐제가 확립된 이후의 세계 경제는 자산이 아니라 부채를 근거로 통화가 공급되고 있었다. 미국이든 일본이든 '빚이 늘어나지 않으면 통화 공급도 증가하지 않는다, 빚이 줄어들면 통화 공급도 줄어든다'라고 생각한다. 차입금이 감소하는 것에 대해 맹목적으로 두려워한다.

대체로 세상에 통용되는 '정설(定說)'이라는 것은 오랜 세월에 걸쳐 축적된 오해와 편견인 경우가 많다. 예를 들면 '귀금속본위제를 채용하면 본위금속의 공급 부족으로 디플레이션이 일어나고, 그러므로 경제 성장이 저해된다'는 오해처럼 말이다. 다만 이런 오해처럼 역사의 교훈과도, 논리적 분석과도 맞지 않는 정설은 참으로 드물지 않나 싶다.

이번 장에서는 금본위제가 붕괴된 것이 정말 필연적인 일이었는지 자세히 따져보도록 하겠다. 먼저 역사적 경위를 통해 살펴보자.

The Good Old Days

금본위제가 붕괴된 1971년 이후, 경제사가의 주류파는 '금본위제는 제약이 많아 원래 성공할 수 없는 시스템이기 때문에 자연스럽게 붕괴되었다'라는 말을 되풀이했다. 그 영향인지, 금본위제라고 하면 낡고 비합리적·비효율적인 국제금융 제도라고 생각하는 사람이 많은 듯하다. 먼저 금본위제의 붕괴를 살펴보기 전에 도대체 금본위제가 무엇인지 자세히 설명하겠다.

금본위제는 통화 가치를 금의 가치에 연계시키는 화폐제도이다. 우선 각국의 정부가 자국 통화 1단위당, 즉 미국이라면 1달러, 일본이라면 1엔이 순금지금으로 환산했을 때 몇 그램에 해당하는지 결정한다. 이것을 각 통화의 금 평가라고 부른다. 예를 들어 1달러가 금 평가로 1그램이고 1엔은 0.01그램이라면, 금을 매개체로 1달러는 100엔이라는 환율이 된다. 이처럼 화폐와 금과의 등가관계를 유지한다.

금본위제에서의 금 평가는 단순히 통화의 공통 척도가 아니다. 각국의 중앙은행은 금 평가에 따라 자국의 지폐를 금지금으로 교환해줄 의무가 있다. 즉 중앙은행은 한 번에 많은 사람이 지폐를 가지고 와서 금태환을 요구해도 대처할 수 있도록 금을 준비해두어야 한다. 이렇게 중앙은행이 자국 통화와 금지금을 교환해줄 의무를 지는 시스템을 금태환제라고 부른다. 참고로 발행원인 중앙은행에 가면 반드시 금지금과 교환받을 수 있는 지폐를 태환지폐라고 부른다. 그리고 중앙은행에서 금지금과 교환해주지 않는 지폐를 불환지폐라고 부른다. 물론 현재 전 세계 주요 국가에서 사용하는 지폐는 모두 불환지폐다.

금본위제의 멋진 특징 중 하나는 국제 경상수지에 관한 자동조절 기능이 있다는 것이다. 예를 들어 매년 경상수지가 적자인 나라가 있다고 가정하자. 그러면 흑자국은 적자국의 중앙은행에 그 나라의 통화를 가지고 가서 금지금으로 교환해줄 것을 요구한다. 매년 경상수지 적자를 내는 경제력이 약한 나라의 통화는 언젠가 금 평가를 절하할 수밖에 없으므로, 그 통화를 가지고 있는 사람에게는 절하되기 전의 환율로 금지금을 교환해두는 편이 이익이기 때문이다. 경상수지 적자국에서는 외국으로 금이 계속 유출됨에 따라 금준비량이 점점 줄어들어 외국의 태환 청구에 모두 응할 수 없게 된다. 그러면 금 평가를 절하해 교환해줘야 할 금지금의 양을 줄이는 수밖에 없다. 예를 들면 1달러에 금 1그램을 교환해주던 것을 1.2달러에 금 1그램으로 절하하는 식이다. 미국 달러의 금 평가가 20퍼센트 절하된 것인데, 이렇게 되면 1달러로 살 수 있는 금의 양이 1그램에서 0.83그램으로 줄어든다. 일본 엔화의 금 평가가 '1엔에 금 0.01그램'이라면 엔에 대한 미국 달러의 환율은 100엔에서 83엔으로 낮아진다. 만약 미국만 금 평가를 낮추고 다른 나라는 금 평가를 변경하지 않는다면 미국 경제에 어떤 변화가 일어날까? 먼저 미국의 수입량이 감소한다. 지금까지에 비해 여러 수입품의 미국 달러 표시 가격이 상승하므로 전처럼 대량으로 수입품을 살 수 없게 된다. 한편 수출은 증가한다. 세계 각국의 통화를 기준으로 볼 때 미국 제품의 가격이 내려가므로 구입이 쉬워지기 때문이다.

이렇게 금 평가를 20퍼센트 절하했는데도 아직 경상수지 적자가 계속된다면 좀 더 절하할 필요가 있다. 반대로 경상수지가 흑자로 돌아섰다면 금 평가를 약간 절상할 필요가 생긴다. 결국 세계 각국이 금본위제를 지키고 각각 자국의 경제력에 맞춰 금 평가를 절상하고 절하한다면 기본적으로 만년 경제 적자국도 만년 경제 흑자국도 존재하지 않게 된다.

다음은 금본위제의 시대를 살았던 사람들에게 금본위제의 채용은 국가를 융성시키는 사건임을 설명해주는 글이다. 이 글은 19세기 말부터 제1차 세계대전이 일어나기 전까지 약 20년 동안을 '좋았던 시절'이라고 평하고 있다.

국제 금본위제는 거의 이상적으로 운영되었다. 세계 경제는 자유 무역과 환율의 안정을 바탕으로 건전한 발전을 이루었다. 이 시기는 종종 'The Good Old Days (좋았던 옛 시절)'이라고 불린다. 일본은 좋았던 옛 시절, 적절하게 국제 사회에 참가한 셈이다.

— 사바타 도유유키, 『금이 말하는 20세기-금본위제가 흔들려도』, 53페이지

이 '좋았던 옛 시절'은 왜 사라졌으며, 금본위제는 왜 붕괴했을까? 결론부터 말하자면, 극소수의 정치적 광신자들이 일으킨 전쟁, 제1차 세계대전이다. 아마도 이 전쟁으로 희생되어 사라진 많은 제도 중에서 가장 안타까운 것이 금본위제가 아닐까 한다.

금본위제는 두 단계로 실시되었다

20세기에 접어든 후 국제 무역·외환 시장을 살펴보면 금본위제가 완전히 성격이 다른 두 단계로 이루어졌다는 것을 알 수 있다.

첫 번째 단계는 모든 주요국의 통화 1단위당 금 몇 그램에 해당하는지 명확한 규정이 있고, 각국 중앙은행은 자신들이 발행한 태환지폐를 조건 없이 규정된 양의 금으로 교환해주는 제도다.

그러나 이 진정한 의미의 금본위제는 1930년대 미국에서부터 일

탈하기 시작했다. 그것은 1933년 대통령으로 선출된 루스벨트가 그때까지 트로이온스당 20달러 67센트였던 금 평가를 1934년 1월에 35달러로 절하했다. 미국 달러의 가치를 낮추고 금가격을 올린 것이었다. 단순히 금가격만 올린 것이 아니었다. 금가격이 오르면 금 태환 요구가 많아질 것을 대비해 예비조치까지 취했다. 금가격이 인상된다는 발표(달러의 금 평가절하)를 하기 전에 국민이 달러를 금으로 바꾸지 못하도록 하는 정책을 펼친 것이다.

일단 연방정부는 금 수출을 금지하고, 미국 국민이 투자용 자산으로 금을 보유하지 못하게 했다. 그리고 국민으로부터 20달러 67센트라는 낮은 가격에 금을 사들였다. 값을 치렀고, 자발적 공출을 요청하긴 했지만, 이것이 이후에 금가격 상승에 대비한 조치였음을 생각한다면 그것은 엄연히 몰수였다. 금가격 상승분은 연방정부가 국민을 속여 갈취한 것이나 다름없었다.

사실 제1차 세계대전 중후반에 걸쳐 주요국들이 금본위제를 이탈함에 따라, 전쟁 후 격동기에 금본위제는 그 기반을 위협받다가 1920년대 후반에 와서야 다시 회복되고 있었다. 그런데 루스벨트 대통령의 신(新) 정책을 계기로 금본위제는 제2차 세계대전 발발 직후 완전히 숨이 끊어지고 말았다.

두 번째 단계는 제2차 세계대전 이후에 전승국(戰勝國)의 수뇌가 모여 만든 '금환본위제'라고 부르는 제도다. 이는 미국 달러만이 금 1트라이온스당 35달러라는 비율로 금과 태환성을 유지하고, 그 밖의 통화는 달러와의 고정환율을 통해 간접적으로 태환성을 유지하는 제도다. 이 제도는 1971년에 당시 미국 대통령이었던 닉슨이 일방적으로 미국 달러의 금태환 정지를 선언함으로써 붕괴되었다.

제2차 세계대전 후에 성립된 금환본위제는 이런저런 결함이 많은 사이비 금본위제였다. 특히 미국의 중앙은행인 연준위가 달러에 대한 금지금 의무를 행해야 하는 상대가 외국의 정부와 중앙은행뿐이라는 것이 이 제도의 심각한 결함이었다. 미국인을 포함하여 단순한 민간인과 기업에는 태환 의무가 없는 제도였던 것이다.

그런 의미에서 보면 투자용 자산으로 금을 보유하지 못하게 한 루스벨트 대통령의 정책이 본인이 사망한 제2차 세계대전 이후까지 건전한 통화제도의 실현을 방해해왔다고 할 수 있다. 경제 흐름을 있는 그대로 반영하는 통화제도의 실현을 방해한 셈이다. 더 놀라운 것은 미국 국민이 투자용 자산으로 금을 보유하지 못하게 막는 정책이 해금된 때는 1975년이라는 것이다. 즉 미국 국민은 35달러분의 달러를 금 1트로이온스로 교환받을 수 있는 혜택을 단 한 번도 누리지 못하고, 금의 자유가격제 이행을 맞이한 것이다.

지금도 미국의 투자정보 사이트에서 '금 투자를 해볼까 생각하는데, 금본위제가 부활하면 정부가 개인이 비축한 금을 공출해갈 위험성은 없을까, 금가격이 낮을 때 그런 일이 일어난다면 낭패일 것이다, 금 투자는 단념하는 편이 좋을까'라고 질문하고 의견을 올리는 개인 투자자를 종종 볼 수 있다. 미국 정부가 얼마나 전제적(專

制的)인 존재인지, 그것도 아니라면 미국의 일반 대중이 일반적인 생각과는 달리 상부에 얼마나 순종적인 사람들인지 알 수 있는 일화 아닌가.

전쟁의 승리에서 비롯된 금본위제 도입

제2차 세계대전 이후의 사이비 금본위제인 금환본위제는 제쳐두고, 진정한 금본위제가 왜, 그리고 어떻게 붕괴했는지 살펴보자.

본래의 금본위제에서는 각 주요국의 통화 1단위당 금 몇 그램에 해당하는지 엄밀히 규정되어 있었다. 금본위제가 도입된 시기는 각국의 경제발전 단계와 신용제도의 충실함, 그리고 금준비량에 따라 제각각이지만, 제1차 세계대전 직전의 금 평가를 기준으로 각국 통화의 환산 비율을 산출해보았다. [표4-1]을 보자. 참고로 1816년, 1파운드당 금 7.32그램이라는 금 평가를 결정한 영국을 제외하면 나머지 주요국은 대체로 19세기의 마지막 30년(1871~1900년) 사이에 금 평가를 결정했다. 당시의 금 평가를 살펴보면, 독일은 1마르크에 약 0.36그램, 프랑스는 1프랑에 약 0.29그램, 미국은 1달러에 약 1.5그램, 일본은 1엔에 약 0.75그램이었다.

표를 보면 알 수 있듯이, 일본 엔화는 1달러=2엔에 이를 만큼 강한 통화였다. 일본이 다른 나라들보다는 조금 늦게 1897년에 금본위제를 채택했다는 것을 감안하면 1달러=2엔은 상당히 놀라운 수준이라 할 수 있다. 그리고 이보다 더 강력했던 통화는 영국 파운드

[표4-1] 제1차 세계대전 직전 각국 통화의 금 평가와 환산 비율

	영국 파운드	독일 마르크	프랑스 프랑	미국 달러	일본 엔	금(그램)
영국 파운드(1파운드당)	1.000	20.431	25.222	4.867	9.763	7.323
독일 마르크(1마르크당)	0.049	1.000	1.235	0.238	0.478	0.358
프랑스 프랑(1프랑당)	0.040	0.810	1.000	0.193	0.387	0.290
미국 달러(1달러당)	0.205	4.198	5.183	1.000	2.006	1.505
일본 엔(1엔당)	0.102	2.093	2.583	0.498	1.000	0.750
금 1그램당	0.137	2.790	3.445	0.665	1.333	1.000

로, 무려 1파운드당 4.9달러(1달러=0.2파운드)에 가까운 환율로 미국 달러와 교환되었다.

일본이 불완전하나마 금본위제를 채택할 수 있을 만큼 금준비를 보유할 수 있었던 까닭은 청일전쟁 승리의 대가로 청나라로부터 거액의 보상금을 받음으로써 일본은행의 금준비가 약 380톤이나 증가한 덕분이었다. 이러한 사례는 과거에도 있었는데, 프로이센 왕국에서 독일 제국으로 도약하는 계기가 된 프로이센-프랑스 전쟁이 바로 그것이다. 프로이센은 대승리를 거두었고 프랑스로부터 1,450톤 상당의 금지금을 보상받아 1871년 금본위제를 채택한 바 있다. 영국 역시 나폴레옹전쟁에서 승리한 직후 1816년 1파운드당 7.323그램이라는 금 평가로 금본위제를 도입하였다. 미국이 1900년에 금본위제를 채택한 것은 배상금으로 금준비가 단숨에 증가한 사실은 없지만, 미국-스페인 전쟁의 승리와 하와이 병합과 같은 '외교·군사적 쾌거'를 축하하기 위한 것이라는 요인이 강했다.

제1차 세계대전 이후 금본위제의 변화

나폴레옹전쟁에 승리한 기념으로 1810~1820년에 금본위제를 정식 도입한 대영제국은 전 세계 제조업 생산액의 절반 이상을 차지하는 독보적인 경제 대국이었다. 당시 영국 제조업 공장에서는 증기기관을 동력원으로 사용하는 것이 당연했지만, 미국이나 독일에서는 아직 실험 단계에 머물러 있었다. 그러나 19세기 중반 이후 미국과 독일은 빠른 속도로 영국을 추격했다. 1870~1890년대가 되자 영국은 미국과 독일에 추월당했고 20세기 초반에 이르러서는 미국과 독일과는 상당한 차이를 보이며 뒤로 물러나게 되었다.

제1차 세계대전으로 일시 정지되었던 금태환제는 전쟁 후 사회질서가 회복됨에 따라 서서히 부활하기 시작했다. 그런데 이 금태환제를 재개하면서 고민해야 할 문제가 생겼다. 영국 파운드와 일본 엔을 평가절하(즉 1파운드당, 혹은 1엔당 금의 중량을 줄이는 것) 없이 금본위제로 복귀할 수 있느냐는 것이었다. 특히 전성기 때 1파운드당 금 7.323그램이라는 금 평가를 결정했던 영국은 평가절하 없이 유지할 수 있을지 불투명했다. 국제금융계에서는 평가절하 없이 금본위제로 복귀하는 것은 영국이 스스로 경제를 죽음으로 모는 것이라는 견해가 다수였다. 가장 큰 문제점은 공업국으로서 영국의 지위가 크게 떨어짐에 따라 1920년대에 1파운드로 살 수 있는 물건 또는 서비스의 양이 금 평가를 결정했던 1816년 당시보다 크게 줄어들었다는 점이었다. 즉, 영국 파운드의 구매력평가가 대폭 하락한 것이다. 그러나 영국은 옛 대국의 체면을 지키고자 과거의 금 평가 그대로 금본위제의 복귀를 실시했다.

그리고 국제 외환시장의 또 다른 문제아는 일본이었다. 제1차 세계대전의 여파로 금태환을 중지했던 시기에 엔화는 1달러당 3~4엔대의 환율에서 오르내리고 있었다. 따라서 금본위제를 막 실시하던 때 1달러=2엔이라는 엔화 강세로 돌아가는 일은 어려운 것이었다. 일본 엔도 평가절하하지 않으면 금본위제 복귀는 무리였다. 그런데 일본 역시 신흥국이라는 자부심에 옛 평가 그대로 금본위제를 복귀하는 모험을 시도했다.

물론 영국과 일본은 앞날을 예측할 수 없었을 것이다. 1929년 대공황이 발생해 1930년대까지 계속되고, 미국의 관세법 개악으로 무역전쟁이 심화되며, 유럽 주요국을 중심으로 블록 경제화가 진전되는 일들을 상상이나 했겠는가. 그래서 영국과 일본이 옛 평가 그대로 금본위제로 복귀한다는 결정을 어느 정도 이해할 수 있다.

한편 프랑스는 다른 행보를 보였다. 프랑스 역시 옛 평가 그대로 금본위제로 복귀한다면 앞날이 위태로운 상황이었다. 그러나 프랑스는 허세를 버리고 실리를 취했다. 프랑을 평가절하하여 금본위제로 복귀했고, 때문에 아무런 문제가 없었다. 19세기 후반 이래 프랑스는 경제도 중앙집권적 '시장경제'를 고집하고 과학기술의 발전도 전적으로 정부에 의지했다. 이 때문에 영국, 미국, 독일과 큰 격차를 보이며 뒤처지고 있었고, 뒤에서는 신흥국에 추격을 당하는 참담한 상태였다. 그런 프랑스가 세계대전 사이의 1920~1940년에 비교적 양호한 경제 성장을 이뤘던 가장 큰 이유는 자국의 처지를 올바로 인식하고 평가절하 후 금본위제로 복귀한 덕분이었다.

일본의 금본위제

그런 의미에서 볼 때 1930년 1월 11일에 금본위제로 복귀한 일본은 누가 뭐래도 시기가 너무 안 좋았다. 1년, 아니 반 년만 결정을 미뤘어도 1929년의 주가 대폭락이 세계 경제의 근간을 뒤흔드는 대참사의 전조라는 것을 알 수 있었을 것이다. 실제로 금본위제로 복귀한 이듬해인 1931년 12월 13일 일본은 금태환을 정지하는 상황에 다시 몰렸다. 실로 '반 년만 결정을 미뤘어도……'라고 한탄할 일이다.

이런 최악의 타이밍에 1929년 대공황까지 겹치면서 청일·러일전쟁으로 급증했던 일본의 금준비가 다시 격감하기 시작했다. 실제로는 1달러=3~4엔이 적정하지만 옛 평가 1달러=2엔이라는 높은 환율로 금본위제에 복귀하자 엔화를 들고 금태환을 요구하는 사람이 급증했다. 이에 금 유출은 끊이지 않았고, 일본에서 외국으로 이송된 금지금의 양은 1930년에 231톤, 1931년에는 300톤에 이르렀다. 1931년 12월에 금태환이 다시 정지됨에 따라 1932년에는 1월에 미결제분 29톤이 이송되는 데 그쳤지만 이미 심각한 타격을 입은 상태였다.

게다가 1930년대에 접어들면서는 서서히 미국, 영국에 무력으로 대항해야 한다는 분위기가 확산되어, 일본은 군비 증강을 위해 군수·전략 물자를 확보하는 데 열중했다. 군수·전략 물자의 수입으로 적자가 늘어났고 그것을 해결하고자 미국에 금지금을 이송하였다. 예를 들어 1932년 4월부터 1933년 3월까지 1년 동안 샌프란시스코로 이송된 금은 약 40톤, 1933년 9월 한 달 동안 런던으로 이송된 분량은 약 4톤에 이르렀다. 유럽과 미국은 금태환을 정지한 시점에서 금지금의 유출을 거의 막았지만, 일본은 달랐다. 군비 확대를 위해 엄청난 수입을 보유하던 금지금으로 감당해야 했다. 더 안타까운 것은 군비 증강 때문에 늘어난 수입만큼 수출을 확대할 수 없었다는 것이다. 그래서 일본은 태환 정지 이후에도 병기 수입을 결제하기 위해 금준비를 계속 유출해야 했다.

그후에도 일본의 금준비는 계속 감소했다. 그래도 1930년대 초반까지는 일본 내 817톤과 해외 191톤을 합쳐 1,008톤으로 1,000톤선을 간신히 유지할 수 있었다. 그러나 금본위제로부터 다시 이탈할 수밖에 없었던 1931년 말에는 일본 내 352톤과 해외 66톤을 합쳐 겨우 418톤으로 금준비가 크게 감소했다. 여기서 중요한 것은 금지금 감소분 가운데 일본 내 태환청구의 약 90퍼센트, 외국 태환청구의 약 70%가 금본위제 복귀 후에 유출되었다는 것이다. 즉, 1년만 아니 반 년만 금본위제의 복귀를 미뤘다면 군비증강을 위해 줄였던 금준비량은 크게 문제되지 않았을 것이다.

[그림4-1] 각국 통화의 실질환율의 금에 대한 비율

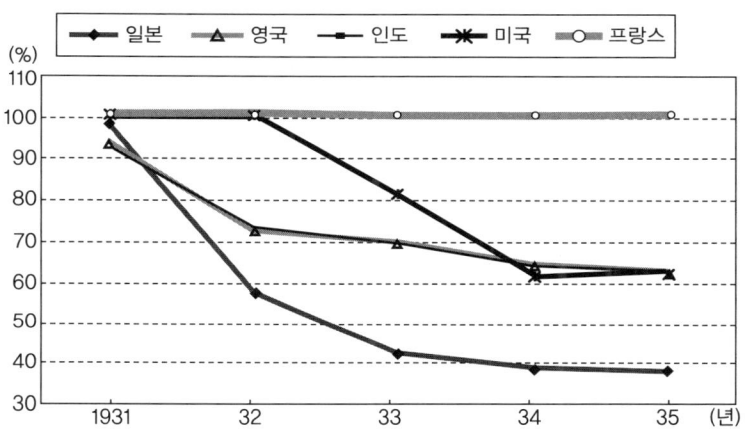

(출처) 미에 대학 사쿠라다니 가쓰미 연구실 홈페이지 '일본 경제사 특론 제3장 금본위제 정지 후의 환율 폭락·수출 회복·무역 마찰' 3페이지의 표를 바탕으로 작성.

금본위제 복귀가 일본의 국제 경쟁력을 높였다

어쨌든, 일본은 최악의 타이밍에 옛 평가를 유지한 채 금본위제로 복귀했다. 복귀라기보다는 폭풍우 속으로 뛰어들었다는 표현이 훨씬 정확할 것이다. 일본을 마지막으로 당시 주요국은 거의 다 금본위제에 복귀했다. 하지만 복귀 후의 금 평가(당시 통화와 금의 교환율)는 무역 결제 시 사용되는 실질환율에는 반영되지 않았다.

[그림4-1]을 보면 1931~1935년 사이에 평가절하를 했던 프랑스 프랑은 정확하게 금 평가를 유지하고 있는 반면, 일본 엔화 가치는 약 65퍼센트 하락세를 보였음을 알 수 있다. 여기서 영국 파운드, 인도 루피, 미국 달러도 약 40퍼센트 정도 가치가 하락한 것은 1930년

대 대불황의 영향을 보여준 것이다.

금본위제에서 한번 가치가 떨어진 통화는 금태환을 요구하는 청구가 외국에서부터 인정사정없이 쏟아진다. 이것은 당연하다. 미국 달러와의 실질환율은 1달러=3~4엔인데 금본위 환산율은 1달러=2엔이라면 누구나 엔화를 금으로 바꿔놓는 것이 이득이라고 판단하기 때문이다. 외환시장에서 언젠가는 금 평가절하를 할 수밖에 없을 터이므로 지금 엔을 금으로 교환해놓는 편이 이익이라는 것이다. 따라서 일본 정부와 은행은 외국의 투자자로부터 금태환에 대한 강력한 압력을 받았을 것이다.

그런데 정말 재미있는 것은 그 뒤의 전개다. 금지금의 해외 유출 증가로 물가수준이 전반적으로 하락한 일본 경제에 강력한 수출 드라이브가 걸렸다. 정점이었던 수출입 수준이 1931년에는 절반 이하까지 떨어졌다가, 금 유출로 물가가 하락하자 일본 경제의 국제 경쟁력이 급격히 상승했다. 그리고 1933년에는 여태까지 최고였던 1929년의 수출액과 수입액 수준을 각각 16퍼센트와 11퍼센트 웃돌았다. 이것은 다른 나라에서도 유례를 찾아보기 힘든 선명한 회복세였다. 그리고 1932년 제2사분기까지 적자였던 일본 무역수지는 제3사분기부터 흑자로 전환되었다.

반대로 평가절하로 금본위제에 복귀했던 프랑스는 수출입의 감소라는 결과를 내고 말았다. 그것은 마치 제1차 세계대전에서 패하고 거액의 배당금 부담에 허덕여야 했던 독일에 버금가는 결과였다. 외국의 통화 가치가 일제히 하락하는데 자국의 통화 가치만 건전한 추이를 보인다면 수출 확대에 걸림돌이 되는 것은 당연하다. 그런데 두 번의 세계대전 사이에 프랑스는 수입이 수출 이상으로 감소했다. 적절한 수준으로 금본위제의 복귀했던 프랑스는 수입에 유리한 환율을 가질 수 있었기 때문에 수입량이 급증해도 전혀 이상하지 않았는데 말이다. 금 비축의 증가 자체를 국가 목표로 추구할 만큼 금을 선호하는 프랑스의 성향을 고려했을 때, 수입 확대에 유리한 환율이어도 수출이 감소하면 금준비를 늘리기 어려워, 수입을 줄여 금준비를 늘리는 무역관리 전략을 실시했던 것인지도 모르겠다.

일본의 결정적 실수

환율 하락에 따른 무역수지의 개선도 잠시, 일본 경제는 1930년대 후반 이후 또다시 금 유출에 시달렸다. 승리가 보이지 않던 중국 대륙 침공, 미국과 영국을 상대로 총력전을 벌이기 위해 무리하게 군비를 확충했던 탓이었다.

1936년도까지 일본의 군사 예산은 고작해야 연간 10억~12억 엔에 불과했다. 그러나 1937년도에 갑자기 세 배 정도 증가했다. 이후 군사비는 브레이크 없는 기관차처럼 멈출 줄 모르고 계속 올랐다. 1942년도에는 정부 예산의 61퍼센트인 2,000억 엔까지 상승했고, 1943년도와 1944년도, 1945년도 군사 예산의 경우 각각 3,200억 엔과 7,700억 엔, 5,200억 엔으로 책정되었다.

　급팽창한 군사비 중 대부분이 병기 수입, 병기·군수 공장에 드는 설비투자를 위한 자금이었다. 그리고 훗날 일본의 교전국이 되는 미국과 영국이 '금 보증의 보증'을 받지 못하는 엔화 수취를 거절하자 일본 정부는 얼마 있지 않은 금지금을 미국과 영국에 부지런히 보내야 했다. 1937년 3월부터 1941년 2월까지 그렇게 일본 정부와 은행이 이송한 금의 총중량은 무려 609톤에 이르렀다. 이 가운데 영국으로 보낸 금은 3.6톤에 불과했고 나머지는 전부 미국으로 보낸 것으로 추정된다. 그 밖에도 중국 대륙에 54톤에 이르는 금을 이송하였으며, 특히 언젠가 필요하게 될 군수물자 조달을 위해 프랑스령 인도네시아에 33톤, 태국에 6톤, 그 외 결제용으로 따로 챙겨둔 분량이 45톤이었다. 안 그래도 일본의 금준비 상태는 좋지 않았는데, 군수 물자 수입에 금을 많이 사용하면서 더 피폐해졌다.

　근대 전쟁에서 승패를 결정짓는 것은 물자동원력이다. 그런데 물자를 조달할 방법이 금준비를 소모하는 것 외에 다른 방법이 없다면 승패는 이미 결정된 것이나 다름없다. 게다가 일본은 물자를 팔아주던 나라를 상대로 하는 소모적인 전쟁을 시작했다. 당시 정부 수뇌가 무슨 생각을 했던 것인지 도대체 이해가 되지 않는다. 아무리 제1차 세계대전에 무임승차해 쏠쏠한 이익을 얻었다고 해도, 근대 국가 간의 전쟁에서 경제력이 승패를 결정한다는 것쯤은 알고 있어야 했다. 아니 알고 있었을 것이다. 어느 정도 규모일지 알 수 없는 전쟁을 준비하는 중간에 이미 금준비가 바닥을 드러냈다면, 본격적인 참전이 자살행위라는 것을 몰랐을 리가 없다.

제2차 세계대전에 돌입한 뒤에도 일본군은 미군과 금지금 수송선에 대해서는 일체 전투 행위를 하지 않는다는 비밀 협정을 맺고 선단을 출항시켰다가 협정을 무시한 미군에 격침당하기도 했다. 순진하게 '빌린 것은 갚는다, 산 물건의 값은 치른다'는 방침을 지킨 어리석은 나라가 바로 일본이었다.

다시 한 번 반복하지만, 승산 없는 이 전쟁에 막대한 비용을 쏟아붓지만 않았더라면 일본 경제는 1930년대의 대공황에서 가장 먼저 탈출할 수 있었고, 다른 나라보다 고도의 경제 번영을 10년 또는 20년이나 먼저 달성했을지도 모른다. 환율의 격변이 생긴다하더라도 잘못된 판단으로 무모한 타이밍에 '융통성 없는' 금본위제를 재개하는 일본 정부나 은행과는 달리 현명한 일반 국민은 매우 합리적으로 대응했을 것이기 때문이다.

영국과 프랑스의 금본위제 복귀와 그 영향

반면 영국은 다른 모습을 보였다. 『금, 인간의 영혼을 소유하다』에서 피터 L.번스타인은 옛 평가 그대로 유지하며 금본위제로 복귀하려던 그 당시, 잉글랜드은행 총재였던 몬태규 노먼(Montagu Norman, 1871~1950)의 심리를 이렇게 묘사했다.

노먼은 확신했다. 파멸을 피해 어떻게든 환율을 파운드당 4.86달러로 되돌 수는 있지만, 그러려면 장기간의 고금리가 예상된다. 고금리가 되면 기업 활동이 억제될 가능성이 높다. 그렇게 되면 실업률이 높아지고 임금은 떨어진다. 물가 상승이 억제된다. 이에 따라 외환시장에서의 통화 가치가 높아지고, 금은 영국으로 흘러든다.

그러나 이 필연적인 연쇄반응이 사람들의 생활이 어떤 영향을 끼칠지 노먼은 전혀 고민하지 않았다. 1920년대에 과열되던 경기를 억제하고자 금리를 올렸을 때, 12개월 이내라고는 하지만 100만 명에 가까운 사람이 일시적으로 해고당했다. 이것은 충분히 예상된 전개였다. 노먼이 생각하기에 사람들의 고통은 정부가 걱정해야 할 문제이지 잉글랜드은행과는 관계가 없는 일이었다. 잉글랜드은행에게 가장 중요한 일은 지하 금고실에 더 많은 양의 금을 쌓는 것이었다.

— 피터 L. 번스타인, 『금, 인간의 영혼을 소유하다』, 363페이지

프랑스 정부는 '파운드의 변하지 않는 가치'라는 허세를 부리다가 만년 불황을 경험한 영국과 달리, 실질환율이라는 다른 기준으로 금본위제에 복귀했고, 결과도 영국과는 정반대의 모습을 보였다.

1926년 6월과 7월의 두 달 동안 파운드와 달러에 대한 프랑의 가치는 3분의 1로 하락했다. 그러나 10월까지 3분의 1이 상승했고, 11월까지는 또다시 약 3분의 1이 상승했다. 그리고 이 가격 수준은 아주 조금씩 변동하면서 그후 10년 동안 계속되었다. 프랑스는 사실상 진정한 금본위제로 복귀한 것이다. (중략)

당시 프랑스은행의 금 보유량은 잉글랜드은행의 금준비와 거의 동등했지만, 3년 후인 1929년에는 그 두 배가 되었다. 다시 2년 뒤, 프랑스가 비축한 금의 양은 영국의 약 5배 규모에 이르렀다. — 377페이지

이미 깨달았겠지만, 금본위제가 세계대전을 견딜 수 없거나 도저히 헤쳐나갈 수 없는 구조적인 결함이 있던 것은 아니다. 전쟁에는 강했을지 모르나 경제적 감각은 없던 윈스턴 처칠(Winston Churchill, 1874~1965)은 영국 의회에서 다음과 같이 말했는데, 그것은 경제 실태를 제대로 보지 못하는, 쇠락하는 늙은 대국의 허세를 적나라하게 보여주는 것이었다. 그런 자세가 자국민뿐 아니라 전 세계 사람들에게 무거운 부담을 짊어지게 하는 결과를 초래했다.

처칠은 '국가 간 그리고 대영제국 내부에서의 무역을 되살려 세계 금융의 중심이라는 지위를 부활시키려면' 옛 평가를 유지한 금본위제의 복귀가 반드시 필요하다고 강조했다. 그리고 너무나도 처칠다운 과장된 몸짓으로 다음과 같이 힘주어 말하며 연설을 끝맺었다.
"누구나 알고 있고 또 신뢰할 수 있는 통화가 영국의 파운드가 아니게 된다면……. 대영제국뿐만 아니라 유럽 전체가 거래할 때 파운드가 아닌 달러가 사용될지 모릅니다. 저는 그것이 매우 불행한 일이라고 생각합니다." — 367페이지

영국이 찬란했던 과거에 대한 향수를 지우고 평가절하 후 복귀

했더라면 아무런 문제도 없었을 것이다. 그리고 이런 배경에는 놀라운 아이러니가 있는데, 우둔한 방침을 고집한 영국과 당시 매우 상식적이고 온건한 방침을 채택한 프랑스가 경제에 관한 논쟁에 다음과 같은 차이가 있었다는 사실이다.

프랑스의 금본위제 복귀는 영국의 경우와는 눈에 띄는 대조를 이루었다. 1920년대에 양국은 여러 가지 특징적인 차이를 보였는데, 이 경우도 마찬가지였다. 냉혹한 영국의 지도자는 장시간에 걸쳐 대학 교수, 금융 전문가들과 조용히 문제를 토의했다. 한편 성질 급한 프랑스의 정치가들은 서로 고성을 질러댔기 때문에 전문가의 목소리는 그 고성에 묻혀버렸다. 사실 프랑스에서 일어난 사건들은 희극과 비극, 동요(動搖), 비현실적인 기대, 끊임없는 불안감 등이 마구 뒤섞인 결과물이었다.

― 373페이지

엘리트에게 결론을 맡기면 현실과는 동떨어진 잘못된 결론이 나오기 쉽다. 대중이 옥신각신한 끝에 낸 결론이야말로 올바르다. 누구 한 사람 논리적으로 설명하지 못하더라도 분명 그것은 현실과 맞닿아있는 결론이기 때문이다.

제2차 세계대전 이후의 통화사(史)

제2차 세계대전이 끝나고 4년 뒤인 1949년에도 일본의 금준비는 3.5톤에 머물렀다. 독일의 경우는 제2차 세계대전 직후인 1945년

12월 말에 6.2톤밖에 없었던 금준비가 그로부터 2년 3개월 뒤인 1948년 3월 말에는 92톤까지 증가했다. 또 다른 패전국 이탈리아는 1945년 12월 말에 77톤이었지만 1948년 3월 말에는 215톤까지 늘어났다. 이것을 보면 일본의 금준비가 제2차 세계대전의 패전국 중에서 유일하게 비정상적이었음을 알 수 있다.

그렇다면 전후 혼란기인 1948~1949년으로부터 이후 주요국의 외환보유고와 금준비는 어떻게 달라졌을까? 다음 [표4-2]를 보기 바란다. 일본의 금준비는 1960년이 되어서도 220톤에 불과해 선진국 중에서는 가장 낮은 수준이었다. 외환보유고 총액에서 차지하는 비중도 미국과 유럽 각국이 대체로 70~80퍼센트 수준인 것에 비해 13.5퍼센트로 매우 낮다.

1960년대를 '황금의 60년대(Golden Sixties)'라고 부르듯이 거의 모든 선진국이 부흥하던 시기였다. 아직 석유 파동도, 닉슨 쇼크도 없었고, 미국도 스태그플레이션이라는 골치 아픈 괴물의 습격을 받기 전인 안정적인 시대였다. 그런 시기를 15년이나 지난 1970년이 되어서도 일본의 금준비는 473톤, 외환보유고 전체에서 차지하는 비율은 14.3퍼센트로 여전히 미국과 유럽에 비해 크게 낮은 수준이었다.

1960년 이탈리아의 금준비는 1948년 3월보다 9배 증가한 1,958톤이었다. 독일은 이를 능가하는 기세로 증가해, 1948년 3월 말의 수준과 비교하면 무려 29배인 2,640톤이 되었다. 일본도

[표4-2] 주요국의 외환보유고 중 금의 비중 (1960~1998년 1월)

(1,000톤)

		1960년	1970년	1998년 1월
미국	금으로 환산한 외환보유 총액	15.82	10.40	
	금 보유고	15.82	9.84	8.14
	외환보유 총액 중 금의 비중	100.0	94.6	
독일	금으로 환산한 외환보유 총액	5.97	11.05	
	금 보유고	2.64	3.54	2.96
	외환보유 총액 중 금의 비중	44.2	32.0	
영국	금으로 환산한 외환보유 총액	2.87	2.28	
	금 보유고	2.49	1.20	0.57
	외환보유 총액 중 금의 비중	86.7	52.7	
이탈리아	금으로 환산한 외환보유 총액	2.83	4.44	
	금 보유고	1.96	2.66	2.07
	외환보유 총액 중 금의 비중	69.2	59.7	
스위스	금으로 환산한 외환보유 총액	2.07	4.56	
	금 보유고	1.94	2.43	2.59
	외환보유 총액 중 금의 비중	94.0	53.2	
프랑스	금으로 환산한 외환보유 총액	1.84	4.26	
	금 보유고	1.46	3.14	2.55
	외환보유 총액 중 금의 비중	79.3	73.7	
네덜란드	금으로 환산한 외환보유 총액	1.55	2.27	
	금 보유고	1.29	1.59	0.84
	외환보유 총액 중 금의 비중	83.3	70.0	
벨기에	금으로 환산한 외환보유 총액	1.26	2.00	
	금 보유고	1.04	1.31	0.57
	외환보유 총액 중 금의 비중	82.3	65.3	
캐나다	금으로 환산한 외환보유 총액	1.63	3.40	
	금 보유고	0.79	0.70	0.10
	외환보유 총액 중 금의 비중	48.2	20.7	
일본	금으로 환산한 외환보유 총액	1.62	3.31	
	금 보유고	0.22	0.47	0.75
	외환보유 총액 중 금의 비중	13.5	14.3	

- 1998년 1월의 금·외환보유 총액과 그 중에서 금준비가 차지하는 비율은 기재되어 있지 않음.

(출처) 사바타 도요유키 《금이 말하는 20세기-금본위제가 흔들려도》(주코신서, 1999년)에서 각국의 금준비에 관한 기술을 정리했다.

1949년에 3.5톤에 불과하던 금준비가 1960년에는 220톤으로 무려 63배나 증가하였다. 하지만 절대적인 양을 따져봤을 때 다른 나라에 비해 금준비가 턱 없이 적은 수준이었다. 게다가 외환보유고 총액에서 금이 차지하는 비율도 독일과 캐나다의 40퍼센트를 제외하고 대부분 70퍼센트 이상 금을 비축하고 있었는데, 일본만 1960년에 13.5퍼센트, 1970년이 되어서도 14.3퍼센트라는 매우 낮은 수치를 기록했다.

다만 1970년에는 제2차 세계대전 직후의 미국 독주 구도가 서서히 무너지고 있었다. 1960년에 1만 5,820톤이던 미국의 외환보유고가 1970년에는 9,840톤으로 거의 3분의 1이 감소한 반면, 독일과 스위스, 일본의 외환보유고는 10년 사이에 각각 두 배 정도로 증가하는 쾌조의 성장세를 보인 것이다.

이 1960년대에는 외환보유고의 증가율이 높은 나라일수록 급증하는 외환보유고의 일부분을 계속 금으로 보유할 수가 없어 결과적으로 외환보유고에서 금의 비율을 낮추는 경향이 있었다. 당시는 금환본위제 속에서 금가격이 트로이온스당 35달러라는 낮은 수준에 억눌려 있었기 때문에 금의 자유시장에서 판매자는 제값을 받지 못하는 판매를 꺼렸고, 거래는 거의 성사되지 못했다. 그리고 미국의 연준위는 형식상으로는 외국에서 태환을 요구하면 반드시 응해야 했지만, 정치와 외교, 군사적인 압력을 동원해 트로이온스당 35달러에 금과 교환해가지 못하도록 막았다.

드골은 군함을 파견하여 미국에 금태환을 요구했다

그런데 이 압력에 참지 못한 프랑스는 강력한 대응으로 미국에 과감히 맞섰다. 미국에서 교환한 금을 무사히 본국까지 이송하기 위해 군함을 파견한 것이다. 이런 적극적인 노력으로 프랑스의 금준비는 1960년 1,458톤에서 1970년 3,139톤으로 대폭 늘어났다. 당시 프랑스에서는 제2차 세계대전의 영웅으로서 제5공화제의 초대 대통령이 된 샤를 드골(Charles de Gaulle, 1890~1970)이 강력한 리더십을 발휘하고 있었다. 그리고 드골은 금환본위제에서 완전한 금본위제로 복귀할 것을 주장했다.

당시 미국은 경상수지 적자가 늘어나 다른 나라에 금태환을 압박했다. 미국의 경상수지 적자가 늘어났던 이유는 미국 경제 자체의 경쟁력이 떨어졌기 때문이 아니라, 국제 '공산주의' 세력에 맞선다는 명분으로 군사비 지출이 크게 늘어났기 때문이었다. 결국 동맹국들에게 막대한 경제·군사 원조를 하게 된 것이 원인이었다. 미국 정부는 이렇게 전 세계에 뿌려진 달러 지폐를 동맹국들이 금으로 태환해달라고 요구하면 경제·군사 원조의 축소나 중지라는 카드로 위협해 그 움직임을 봉쇄했다. 그러나 자유주의 진영의 거의 모든 나라에 통했던 이 협박은 미국의 군사력으로부터 자립을 꿈꾸던 드골에게는 오히려 고마운 이야기였다. '경제 협조도 필요 없고 군사 원조도 필요 없소. 원칙대로 우리가 가지고 있는 미국 달러 지폐를 금으로 바꿔 주시오'라고 압박한 것이다. 게다가 '애초에 미국이 본래 순순히 응해야 할 미국 달러의 금태환 요구에 응하지 않는 것은 달러에 대한 금 평가가 지나치게 높기 때문이다. 만약 달러의 금 평가를 35달러에서 70달러로 절하하면 같은 금액의 미국 달러를 가지고 와도 금을 지금의 절반만 방출하면 되므로 미국은 금 평가를 절하해야 한다'는 제언을 하기도 했다.

일반적으로 중앙은행끼리의 금지금 거래는 미국 켄터키 주 포트녹스 육군기지의 지하금고 안에서 각국용으로 마련된 작은 방 사이를 금이 이동하면서 이루어진다. 이에 드골은 '미국 국내에 맡겨서는 진정으로 프랑스의 것이 되었다는 보증이 없다'며, 군함을 파견해 금지금을 프랑스로 운반하는 화려한 퍼포먼스를 선보였다.

그러나 드골의 이 정론은 미국으로서는 도저히 받아들일 수 없는 것이었다. 마침 이 무렵 미국 내 원유 생산량은 정점에서 하락하고 있었는데, 이에 따라 앞으로 자국의 원유 수요의 상당 부분을 중동에 의지할 수밖에 없음을 깨닫기 시작했기 때문이다. 앞으로 '미국은 중동에 대해 만성적인 경상수지 적자를 기록할 수밖에 없다. 프로테스탄트와 가톨릭이라는 종파 차이는 있긴 하지만 그래도 같은 크리스트교국인 프랑스를 상대로도 이렇게 쩔쩔매고 있는데, 중동의 이슬람교국으로 금이 계속 방출된다면 국제금융에서 어떤 예기치 못한 사태가 일어날지 모른다'는 공포심이 싹텄다.

실패로 끝난 드골의 도전

드골이 군함을 파견하여 금지금을 이송했던 무렵은 제2차 세계대전이후 세계 정치·경제적으로 프랑스가 정점에 있던 시기였다. 하지만 얼마 후 1968년에 학생·노동자의 저항운동인 파리 5월혁명이 일어났다. 운동은 전국으로 확산되었고, 결국 드골은 이듬해 퇴진할 수밖에 없었고, 1970년에 세상을 떠났다. 드골이 사망한 후 미국이나 IMF에 금본위제의 부활을 당당히 주장하는 목소리는 자취를 감췄다.

1960년대 말 미국은 국내 젊은이들의 강력한 비난 속에서도 베트남전쟁의 수렁에서 발을 빼지 못하고 국제 경상수지도 급격히 악화되는 시대였다. 나라 안으로는 경기 침체, 밖으로는 이웃나라와의 갈등이 심한, 말 그대로 외우내환(外憂內患)의 시대였다. 이 시기에 자국으로부터 당당하게 금지금을 가져가는 드골 대통령의 존재는 눈엣가시 같은 존재였을 것이다. 혹은 그 이상으로 심각한 위협이었을 것이다.

금지금을 미국에게 당당히 요구했던 프랑스를 제외하면 1960년대 선진국 대부분이 외환보유고 총액이 급증한 것에 비해 금준비를 늘리지 못한 곳이 많았다. 심지어 미국 북쪽에 이웃한 캐나다의 외환보유고 총액은 금으로 환산하면 1,632톤에서 3,402톤으로 108퍼센트나 증가했으나, 금준비는 786톤에서 703톤으로 오히려 약 10퍼센트나 감소했다. 이런 상황 속에서 외환보유고가 104퍼센트 증가하고 금준비가 115퍼센트 증가한 일본은 어쩌면 건전한 편이었는지도 모른다. 그러나 외환보유고 총액에서 금준비가 차지하는 비율은 여전히 14.3퍼센트로 비정상적인 저수준에 머물렀다. 미국 경제에 쇠퇴의 기미가 보이기 시작한 것을 제외하면 이 시기는 전 세계가 따스한 봄날 같은 때였다. 이때 일본이 금준비를 확대했다면 이후 엔화 강세 국면에서도 최소한 미국 달러화 자산으로 구성된 외환보유고의 실질적 자산 가치 감소라는 현상을 지금보다 훨씬 여유롭게 지켜볼 수 있었을 것이다.

그들은 왜 금을 방출하기 시작했을까

이윽고 1998년 1월 봄바람은 차가운 가을바람으로 바뀌었다. 이때의 상황을 [표4-2](132쪽)에서 확인해보자. 이 시기의 특징은 유럽의 중앙은행들이 금을 방출하여 금준비가 격감하기 시작했다는 점이다. 대형 금광회사와 금융기관의 금 선물 판매를 뒷수습했던 경험을 바탕으로 금가격이 앞으로 떨어질 것이라고 예상한 것이다. 영국과 프랑스, 이탈리아, 네덜란드, 벨기에 같은 나라들이 명백히 그런 조짐을 보였다. 또 캐나다는 1970년에 703톤이었던 금준비가 1998년 1월 말에는 단 96톤으로 다시 크게 감소했다. 무려 86퍼센트에 달하는 감소율이었다. 당시 미국과 유럽 각국의 중앙은행과 대형 금융기관에 도대체 무슨 일이 있었는지는 제5장에서 천천히 설명하도록 하겠다.

한편 일본의 금준비는 473톤에서 754톤으로 60퍼센트 가까이 증가했다. 그러나 이 사이에 외환보유고 전체는 60퍼센트를 웃도는 급증세를 보였기 때문에 여전히 외환보유고 총액에서 금준비가 차지하는 비율은 한 자릿수 초반이라는 초저공비행이 계속됐다.

그러면 이런 주요국의 금준비량 변화와 비교했을 때 금가격은 어떤 추이를 보였을까? 1967년 이전에는 '공정가격'인 트로이온스당 35달러 근방에서 변화했다고 봐도 무방하다. 그리고 1971년까지는 지금 생각하면 거짓말같이 낮은 가격, 연간 35~40달러에 거래되었다. 이후 제1차 석유 파동 때 100~200달러대, 제2차 석유 파동 때 300달러대 이상 등 원유가격에 이끌리는 형태로 금가격의 상승은 계속되었다. 지금도 '인플레이션=달러 약세=금가격 상승'이라는 공식으로만 세상을 보는 사람들이 있는데, 사실 그들의 고정관념은 당시의 가격추이의 영향일 것이다.

헌트 형제의 은 매점

제2차 석유 파동은 자원 인플레이션을 촉발했다. 당시 미국에서 가장 부유한 집안이던 헌트 가의 형제가 인플레이션 헤지로 은 매점을 한 일이 있었다. 이 여파로 금가격은 1980년 1월에 트로이온스당 850달러라는 폭발적인 상승이 연출됐다. 이 가격은 그후 28년 동안 깨지지 않았던 최고가다.

원래 헌트 형제의 전문은 귀금속 투자가 아니라 석유자원 탐사와 채굴권의 획득이었다. 그들은 현재도 아프리카 대륙에서 가장 큰 리비아 유전을 개발하는 데 성공하여 미국에서 유명한 대부호가 되었다. 그런데 1969년에 발발한 혁명으로 리비아 정부의 실권을 쥐게 된 카다피(uammar Gaddafi, 1942~2011)에게 1973년에 유전의 채굴권 51퍼센트를 몰수당했다.

1950년대 말에는 이란에서 모사데크(Mohammad Mosaddegh, 1880~1967) 박사가 지도하는 혁명이 성공해 국왕이었던 샤 팔레비 (Mohammad Reza Shah Pahlevi, 1919~1980)가 쫓겨나고 이란 국내의 유전이 전부 국유화되는 사건이 일어났다. 다만 이때는 앵글로-이란 석유회사(훗날의 영국 국영 석유회사 BP)의 요청으로 미·영 연합군이 이란으로 침공해 모사데크를 추방하고 샤 팔레비를 국왕에 복위시켰다.

그러나 1970년대 초반이 되자 미국은 이런 거친 수단으로 자국의 석유 권익을 지킬 수 없는 상황을 맞았다. 닉슨 대통령이 미국 달러의 금태환 정지를 선언한 1971년에는 국내의 유전 생산량이 정점에서 내려오기 시작했고, 이에 따라 자국의 석유 수요를 만족하려면 앞으로는 중동에서 산출되는 원유에 의지할 수밖에 없음을 깨달은 것이다. 그러나 헌트 형제의 생각은 달랐다. 그들은 '미국 정부는 설령 자국민이라 해도 밑바닥부터 올라와 경영하는 신흥기업의 권익을 영국계 석유 대기업만큼 열심히 지켜주지 않는다, 그러므로 우리 재산은 우리가 지켜야 한다, 이를 위한 최적의 투자는 귀금속이다'라는 결론을 내렸다.

이렇게 해서 헌트 형제는 전 세계의 금·은 매장량을 조사했고 은 매장량이 금 매장량보다 16배 정도 많이 있다는 것을 알아냈다. 그렇다면 적절한 은가격은 금의 16분의 1 수준이어야 하지 않나? 라고 생각한 이들은 현재의 은가격은 이보다 훨씬 싸니 은을 사들이자는 결론에 도달했다. 헌트 형제는 조잡한 '이론'을 바탕으로 엄청나게 돈을 빌려 은 선물을 마구 사들였다. 게다가 1970년대 말은 물가상승률이 15~20퍼센트인 것에 비해 연준위의 정책금리는 10~12퍼센트였기 때문에 실질금리가 마이너스 수준이었다. 이 점도 그들이 낮은 금리로 돈을 빌려 무지막지하게 은 선물을 사재기하게 뒷받침했다. 그들은 전 세계에서 거래 가능한 은지금의 절반에 이르는, 200만 온스 이상을 매집했다.

지폐를 찍는 일은 바보도 할 수 있다고, 정말 가치 있는 것은 귀금속뿐이라고 호언했던 그들은 경제·금융계의 권력자들에게 너무 위험한 존재였다. 그래서 뉴욕의 상품거래소는 은가격의 폭락과 헌트 형제의 파멸을 목표로 매수자에게 불리하고 판매자에게 유리한 규제를 잇달아 실시했다. 결국 이러한 갑작스러운 규제 변경이 효과를 발휘해, 은가격은 1980년 1월에 천장을 친 뒤 급락했다. 이에 따라 1981년 여름, 헌트 형제는 거의 모든 재산을 잃었버리고 말았다. 이런 상황에서 당시 연준위의 의장 폴 볼커(Paul Volcker)는 물가상승률이 10퍼센트 정도까지 진정되었음에도 불구하고 정책금리를 20퍼센트까지 인상하였고, 이것은 헌트 형제에게 마지막 일격이 되었다. 그 결과 차입은 '빌릴수록 이익인 연금술'에서 '빌릴수록 금리 부담이 가중되는 무거운 족쇄'가 되었다. 낮은 금리로 끌어온 자금으로 수익률이 높은 곳에 투자하여 조달비용을 갚고 큰 수익을 거두려던 그들의 생각이 산산이 깨진 것이다. 그러나 투기 그룹 하나를 제거하고자 단행한 정책금리 인상은 엄청난 부작용을 가져올 위험성이 있었다. 결과적으로는 미국의 물가상승률이 급속히 하락했고, 볼커 의장은 '인플레이션 퇴치의 영웅'이 되었다. 참고로 볼커처럼 의장 재임 중에 도박을 걸어도 성공한 실적 하나 없이, 미국 경제를 수렁으로 몰아넣은 장본인, 앨런 그린스펀(Alan Greenspan)이 볼커의 후임이다. 그런 주제에 그는 볼커의 카리스마를 약삭빠르게 이어받아 교묘하게 자기 선전에 이용하고 부풀린다.

어쨌든 지금 세계는 인플레이션이 끝나고 디플레이션으로 향할 것이냐, 신흥국 중심의 식량·에너지 가격 인플레이션이 하이퍼인플레이션까지 부를 것이냐는 중대한 기로에 서 있다. 그러나 어느 쪽으로 가든 일본 엔화 강세의 추세는 쉽게 바뀌지 않을 것이다.

융통성 없는 금

금이라는 금속은 근본적으로 통화로 이용하기에 적합한 물질이며, 일단 금광에서 산출된 분량은 원소 자체를 변환하는, 돈이 많이 드는 공정을 거치지 않는 이상 총 비축량이 감소하지 않는다. 선사시

대부터 금은 희소성이라는 점에서 주목받아 꾸준히 산출되어 왔다. 워낙 오래 전부터 산출되고 축적되어 왔기 때문에 매년 산출되는 금의 추가 분량은 총 비축량에 비하면 굉장히 미미하다. 이미 앞에서 언급했지만 현재까지 지구상에서 채굴된 금지금의 총량은 약 16만 톤이고, 매년 전 세계에서 산출되는 금지금의 양은 2,300~2,500톤이다. 즉 매년 총 비축량의 약 1.5퍼센트가 추가되고 있는 것이다. [그림4-2]는 1901년부터 2010년까지라는 상당한 장기간에 걸친 금의 연간 산출량과 금의 비축량 증가율을 나타낸 그래프다.

그리고 이런 총 비축량의 안정적인 증가 경향은 화폐로서의 측면을 생각할 때 매우 바람직한 특징이다. 구체적으로 말하면, 1.5퍼센트라는 연간 비축량 증가율은 이른바 '경제적 이륙기(離陸期, 고도성장기)'를 제외하면 매우 안정감이 있는 숫자라는 것이다. 예를 들어 인구가 연간 0.5퍼센트씩 증가하고 금의 비축량은 연간 1.5퍼센트 증가하는데 물가는 오르지도 내리지도 않는 안정적인 상태를 생각해보자. 물건이나 서비스의 제공량도 금의 비축량과 마찬가지로 연간 1.5퍼센트씩 확대된다고 생각하는 것이 자연스러울 것이다. 즉 GDP 전체는 1.5퍼센트 상승하는 것이다. 이 가운데 0.5퍼센트는 인구 증가에 흡수되므로 1인당 GDP 성장률은 1퍼센트가 된다. 연간 1퍼센트의 성장이 10년간 계속되면 복리계산으로 10년 동안 10.5퍼센트, 20년 동안 22퍼센트, 두 배로 증가하는 데 72년이 걸리

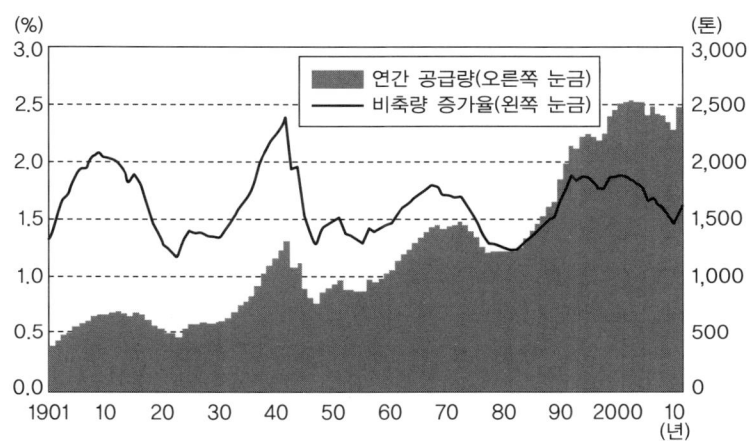

[그림4-2] 금의 연간 공급량과 비축량 증가율

■ 연간 공급량은 광산 금 산출량.
(출처) U.S. Geological Survey, *Gold Statistics*(2010년 11월 2일 개정판). 최근 수년간의 수치는 World Gold Council, *Gold Demand Trends*를 바탕으로 수정.

는 1인당 실질성장률을 달성할 수 있다. 그리고 지금까지 살펴봤듯, 금이라는 닻이 있는 통화제도에서는 장기적으로 볼 때 물가가 안정된다. 오히려 과학기술의 진보로 물건과 서비스를 점점 싼 값에 살 수 있게 되는 상황을 반영한다면 약간 디플레이션 경향이 된다.

만약 인구를 일정하게 유지할 수 있다면 1인당 GDP가 연간 1.5퍼센트씩 상승하므로 10년 동안 16퍼센트, 20년 동안 35퍼센트, 두 배로 증가하는 데 44년이라는 속도로 실질 성장이 계속된다. 만약 경제 전체가 완만한 디플레이션 추이를 보인다면 실질성장률 기준으로 GDP는 약 30년 만에 두 배가 될 것이다.

다시 한 번 반복하지만, 귀금속본위제를 채택한 사회에서 '물가가 안정되면'이라는 조건은 그다지 달성하기 어려운 과제가 아니다. 금본위제 아래서 물가는 단기적으로는 이리저리 변화하기도 하지만 중장기적으로는 수평선을 그리면서 약간의 하락 추이를 보이는 것이 보통이다. 정부나 중앙은행이 멋대로 불환화폐를 찍어낼 수 있는 제도 속에서만 살아온 우리에게는 좀처럼 실감하기 어려운 일이지만. 개인과 기업이 특별히 앞당기거나 늦추지 않고 고른 속도로 거래하고, 돈을 사용하면 물가는 자연히 안정될 것이다.

이 일정기간 내에 돈 거래를 몇 번 하느냐를 경제학에서는 화폐의 유통속도(Velocity of Money)라고 부른다. 일반적인 속도보다 빈번하게 돈 거래를 하면 유통속도의 상승으로 인플레이션 경향이 되며, 보통보다 돈 거래를 적게 하면 유통속도의 저하로 디플레이션 경향이 된다. 아주 단순하다. 그리고 심각한 인플레이션이나 심각한 디플레이션의 위협을 느끼지 않으면 사람은 일반적으로 돈 거래를 극단적으로 늘리거나 줄이지 않는다. 즉 평범한 경제환경에서는 화폐의 유통속도가 관습적으로 안정된다.

물론 실물경제에서 물건이나 서비스의 생산량이 얼마나 증가하는가도 중요하다. 화폐공급 증가율보다 물건이나 서비스가 증가하면 경제 전체는 디플레이션 경향을 띠며, 화폐공급 증가율을 밑도는 수준으로 물건이나 서비스가 증가하면 인플레이션 경향을 띤다.

'융통성 없음'은 통화의 소재로 매우 적합한 성질

경제학계에서 주류를 차지하는 사람들은 화폐 증가율이 제약을 받을수록 디플레이션이 되어버리고, 물건과 서비스가 순조롭게 증산되고 경제 전체가 바람직한 상태일수록 디플레이션 위험이 커진다고 주장할지 모른다. 그래서 금본위제는 안 된다면서 말이다. 그러나 디플레이션 자체는 경제 성장을 저해하는 작용을 하지 않는다. 이미 살펴봤듯이, 사실상의 독점(De facto monopoly) 기업에 좌지우지되는 경제사회에서 디플레이션이 되면 극단적인 생산 감소가 일어나서 경제 전체가 위축되는 것일 뿐이다.

통화주의자들은 화폐의 성질 자체가 불환지폐이든 무엇이든 상관없으니 무조건 돈의 총 공급량을 매년 일정 비율로 증가시켜 나가야 한다는 주장을 반복한다. 그러나 이 주장은 법률이나 사회제도에 전면적으로 의존하지 않으면 이룰 수 없으며, 전면적으로 의존한다 해도 그때그때의 '정책적 요청'에 따라 얼마든지 바뀔 수 있는 부자연스러운 목표에 불과하다. 반면에 물리적인 특성으로써 거의 고정적인 증가율로 조금씩 계속 늘어나는 금은 2,000년 이상에 걸쳐 안정적인 성장을 실현해왔다. 통화주의자들의 비현실적인 주장과는 근본적으로 다르다.

물론 예외적으로 연간 공급량이 확대된 적은 있다. 때때로 그전까지 존재가 확인되지 않았던 금광이 발견되거나 광석의 금 함유량(품위라고 한다)이 너무 낮아 이익을 낼 수 없어 방치되었던 금광산이 금가격 상승으로 다시 생산이 가능해지는 경우 말이다. 그러나 이것은 기술 혁신에 의해 지속적으로 생산량을 확대하는 다른 산업에 비하면 상당히 빈도도 낮고, 이렇게 해서 추가되는 공급량도 총 비축량에서 차지하는 비율이 미미하다. 지구상에서 새로운 지리적인 발견을 할 여지가 점점 줄어들고 있는 현재, 어느 날 갑자기 오지에서 고품위의 거대한 금광맥이 발견될 가능성은 상당히 낮다. 즉, 금 공급량은 국제적인 대불황으로 물건과 서비스의 공급량이 감소하는 극단적인 시기가 아니라면 실제 경제가 확대되는 수준에는 못 미치는 증가를 보일 것이다. 그러나 이것은 통화의 소재(素材)로서는 매우 적합한 성질이다. 정부나 중앙은행이 마음만 먹으면 얼마든지 증쇄할 수 있는 불환지폐와 비교하면 더 명확하다. 전 세계의 주요국이 금본위제를 채택했던 시절에는 무역·경상수지의 불균형이 본위화폐인 금의 이송으로 결제되었다. 당시는 아직 수입 초과국이 불환지폐를 증쇄함에 따라 수출 초과국이 보유한 외화의 통화 가치가 계속 감소할지도 모른다는 걱정은 하지 않아도 됐다.

불환지폐제에서는 근본적인 문제를 해결할 수 없다

금본위제였던 시절에는 '국제수지의 흑자가 그 나라의 부(富)'라는 이른바 중상주의적 주장이 나름 건전한 근거가 있었다. 즉 경상수지의 흑자로 금을 수취한 나라는 자산으로 장기 보유해도 가치 감소를 거의 신경 쓰지 않아도 되는 국제 통화를 축적한 셈이다. 그런데 불환지폐가 활개치는 세상에서 중상주의를 신봉하는 것은 최소한 자국이 보유한 외환보유고의 가치 감소를 막을 정도의 자금운용력이 없다면 두 눈을 뜨고 손실을 봐야 한다. 자국에서 생산한 물건 또는 서비스의 일부를 수출하여 외화를 축적하는 나라는 상대 수입국이 과도한 화폐 공급으로 인해 인플레이션을 일으킨다면, 수출국은 수입국의 '인플레이션에 따른 가치 감소분'을 감수할 수밖에 없기 때문이다. 그 가장 좋은 예가 일본과 중국이다. 두 나라는 매년 막대한 경상수지 흑자를 미국 달러와 국채로 결제받고 있다. 경상수지 흑자만큼 나라의 자산을 늘렸지만 달러 지폐의 공급이 지속적으로 늘어나는 만큼 자산 가치 감소를 피할 수 없다. 즉, 만성적인 달러의 가치 감소만큼 손해를 보고 있다. 가치 감소분만큼 자국민의 노동성과를 미국 국민에게 선물하고 있다고 봐도 무방하다. 반면 미국은 지금까지 일본과 중국 같은 수출 초과국으로부터 달러의 가치 감소분만큼 '선물'을 받아왔다. 게다가 이 점을 최대한 활용해 실제 자신들의 벌이보다 오랫동안 풍족하게 살았다.

불환지폐제는 이런 형태로 '기축통화국'이 일방적으로 유리한 제도이다. 자신들의 벌이보다 풍족한 생활을 할 수 있을 뿐 아니라 인플레이션에 따른 가치 감소로 타국에 대한 빚 부담 역시 줄이려 한다. 제도 자체가 바뀌지 않는 한 이런 태도를 바로 잡을 방법이 없다. 그리고 이보다 더 무서운 점은, 미국 국민들이 차입으로 자신들의 벌이보다 풍족하게 생활하는 데 익숙해졌다는 사실이다. 인플레이션으로 아무리 가치가 감소한다고 해도 갚을 수 없을 만큼 빚이 쌓이는 임계점은 반드시 찾아오기 마련이다. 지금 미국 경제가 딱 이런 형상이다. 미국은 가속 페달을 밟고 그 임계점을 향해 돌진하고 있다.

국제수지 흑자국이 미국 국민에게 '지금은 벌이보다 풍족하게 살고 있지만, 결국 당신들의 자녀나 손자들은 외국에 빌린 돈을 갚기 위해 벌이보다 빈곤한 생활을 할 수밖에 없을 것'이라고 충고했다고 가정하자. 그런들 미국이 '그때가 되면 또 인플레이션으로 상환 부담이 줄어들 테니 괜찮아'라고 배짱 좋게 튕기면 그것으로 끝이다. 그러나 금처럼 공급량이 갑자기 급증할 가능성이 매우 낮은, 안정적으로 성장은 하지만 경제 규모의 확대를 넘어서지 않는 통화가 있다면 얘기가 다르다. 설령 지상 최대의 경제권, 미국이라 해도 국제수지 적자를 무작정 방치하지는 못할 것이다. 적자가 나면 금 지금이 유출되기 때문이다. 더구나 전 세계에서 완만한 디플레이션이 계속된다면, 외국으로 유출된 금을 되찾기 위해서는 당시 냈던 적자보다 더 많은 흑자를 내야 완전히 되찾을 수 있다. 그렇지 않으면 적자였던 것을 상쇄할 만큼 국제수지가 흑자로 돌아설 때까지 미국 달러의 금 평가는 계속해서 하락할 것이다.

따라서 갑작스러운 공급량 급증으로 가치가 붕괴될 위험성이 거의 전무하다는 점은 금이 통화로서의 치명적 단점이라고 할 게 아니라 최대의 장점이라 해야 한다.

달러 가치는 계속해서 하락하고 있다

어쨌든 불환지폐가 국제 통화로 통용되는 것이 현실이다. 그렇게 따졌을 때 화폐로서 금 수요는 불환지폐의 수요보다 작다. 역시 교환 수단으로는 불환지폐가 많이 이용되기 때문이다. 그렇다면 화폐로서의 금 수요량이 격감하는 대로 금가격이 급락할까? 이것도 매우 비현실적이다. 향후 수년, 혹은 수십 년간 화폐로서 불환지폐의 가치에 대해 심각한 의문이 계속해서 제기될 것이기 때문이다. 지금까지 각국이 발행한 지폐를 외환보유고로 비축했던 나라들도 다른 믿을 만한 화폐를 찾는 움직임을 보이고 있다. 물론 단기적으로는 비교적 위험한 유로나 파운드에서 달러나 엔화로 갈아타는 정도에 그칠지 모른다. 특히 최근의 유럽 경제 위기로 유로 가치가 흔들리면서 미국 달러의 위상은 크게 강화되었다. 당분간은 이런 흐름이 지속될지도 모른다. 하지만 유일한 기축통화, 달러에는 커다란 결점이 있다. 바로 연준위다. 연준위는 1913년 발족한 이래 믿음직스러운 모습을 보인 일이 단 한 차례도 없다. 기축통화로서 달러가 보전해야 할 가치를 유지하기는커녕 더 위태롭게 만들었다.

연준위가 발족한 1913년에 1달러가 지녔던 구매력, 즉 화폐 가치를 1이라고 할 때, 금태환제의 이탈을 발표했던 1971년 1달러의 화폐 가치는 0.24로 낮아졌다. [그림1-1](17쪽)를 다시 보자. 60년이 채 되지 않는 기간 동안 1달러의 가치가 80퍼센트 가까이 감소했다. 게다가 그로부터 약 40년이 지난 현재 1달러의 가치는 1971년의

3분의 1 이하 수준이 되어 0.04정도까지 떨어졌다. 1913년의 달러 가치로 말하면 4센트밖에 안 되는 셈이다. 루스벨트 대통령이 취임 직후 금 수출을 금지하고 국민들로부터 금을 몰수한 1933년을 기점으로 현재까지의 가치 감소분을 계산하면 1달러의 가치는 94퍼센트나 감소했다. 즉 현재의 1달러는 1933년 당시의 6센트 가치에 불과하다.

개인도 기업도 국가도 마찬가지지만, 불환지폐를 가지고 있을 경우 그 불환지폐의 절대수를 늘려나가지 않으면 실질적으로 자산이 감소된다. 이것은 의심할 여지 없이 역사적으로 입증된 사실이다. 따라서 외환보유고를 미국 달러 한 가지로 통일하면 오래 둘수록 인플레이션에 따라 심해지는 가치 감소를 감당할 수 없을 것이다. 게다가 경상수지 흑자를 꾸준히 내는 나라들은 외환보유고에 금이 차지하는 비율이 낮다. 구체적으로는 미국, 영국, 독일, 프랑스는 외환보유고에서 금이 차지하는 비율이 전부 60퍼센트가 넘지만 인도, 러시아, 타이완, 일본, 중국은 그 비율이 모두 한 자릿수에 불과하다. 가장 큰 이유는 빈곤했던 아시아 국가의 경제 성장력이 1970년대를 기점으로 풍요로웠던 미국과 유럽 각국의 경제 성장력을 뛰어넘었기 때문일 것이다. 과거 미국과 유럽 각국은 많은 부를 축적했기 때문에 금준비도 윤택했다. 그러나 갈수록 경상수지는 적자인 나라가 많아져 지금은 경제 성장력이 높은 아시아 국가로 부가 이전되고 있다. 한편 아시아 각국은 빈곤하던 시절이 길었던 탓에 부가 적게 축적되었고 금준비도 적지만 매년 경상수지 흑자를 기록하며 미국과 유럽 각국으로부터 부를 이전받고 있다.

중국은 과거 5~6년에 걸쳐 금준비를 배로 늘렸지만 그럼에도 외환보유고에서 금이 차지하는 비율은 1퍼센트대로 매우 낮다. 중국이 앞으로도 큰 폭의 경상수지 흑자를 유지할 수 있을지, 또는 애초에 중국이라는 국가가 이런 형태로 존속할 수 있을지는 의문이다. 그러나 중국 이외에도 국민경제 전체와 수출이 급성장하고 있는 신흥국은 많다. 그런 신흥국 사이에서 외환보유고를 불환지폐 한 가지로 통일하는 것은 위험하다는 인식이 확산되고 있다.

금 수요는 역시 증가하고 있다

이번에는 좀 더 시야를 넓혀 금 전체의 수요와 공급은 어떻게 전개될지 살펴보자. 미리 말하자면 구매하려는 수요가 압도적으로 많을 것이다. 우선 먼저 확인해야 할 것은 장식품 수요의 확대다. 이 시장에서는 인도와 중국이 2대 수요자로 정착해왔다. 다만 이 두 나라 모두 장식품 수요가 큰 것은 인구가 매우 많기 때문에 일어나는 현상일 뿐 국민 1인당 소비량은 의외로 적다. 소비량만 보면 베트남이나 인도네시아와 거의 차이가 없는 수준인 것이다. 금 소비가 많은 나라들 사이에서도 1인당 소비량은 상당히 큰 차이가 있다. 단독 1위는 사우디아라비아로, 연간 1인당 3.8그램 정도를 소비한다. 다음 홍콩이 약 2.6그램으로 그 뒤를 쫓고 있다. 한편 러시아와 인도는

0.4그램, 중국, 인도네시아, 베트남은 0.3그램으로 생각보다 낮은 수준이다.

그런데 중국과 인도는 모두 이 1인당 금 소비량이 앞으로 급격히 확대될 요인을 내포하고 있다. 먼저, 두 나라 모두 경제 성장이 높은 수준을 유지하고 있으므로 지금까지 적었던 중산층이 확대될 것이고, 그러면 금의 장식품 수요도 급증할 것이다. 뿐만 아니라 두 나라 모두 정치·사회적으로는 심각한 문제를 안고 있으므로 '만에 하나 위급한 상황에 닥치면 믿을 수 있는 것은 금'이라는 수요가 클 것이다. 매년 금 수요의 대부분을 차지하는 장식품 수요는 당분간 계속 증가할 것이며, 장식품 수요와 투자 수요는 같은 공급량을 공유하므로 장식품 수요의 증가로 가격대가 높아지면 투자용 금의 가격대도 그만큼 높아질 것이다.

그렇다면 공급은 어떨까? 명백히 갈수록 줄어드는 경향을 보이고 있다. [그림4-3]은 1900~2009년의 생산 실적과 2010~2038년의 생산량 예측을 나타낸 것이다. 보다시피 기본적으로는 2001년에 정점을 찍은 뒤 급격한 감소가 계속될 것으로 예상되고 있다. 이 예측은 동서양을 통틀어 최대의 금 생산국인 남아프리카가 금광석 고갈기에 접어들었다는 것을 전제로 하고 있다. 1970년 전후만 해도 남아프리카는 연간 약 1,000톤의 생산량을 자랑했다. 이는 당시 세계 전체의 생산량 중 약 70퍼센트를 차지하는 압도적인 점유율이다. 그런데 최근 들어 남아프리카의 생산량은 간신히 연간 200톤 수준

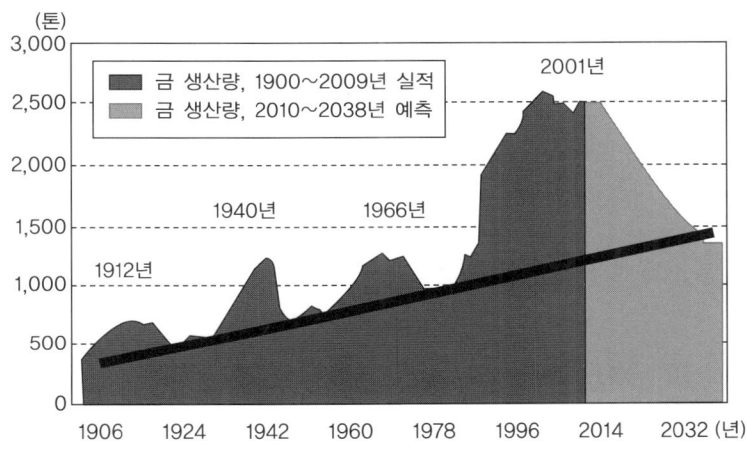

[그림4-3] 금 생산량의 실적과 예측

(출처) 블로그 'Money Morning' 2010년 7월 12일 기사를 바탕으로 작성.

을 유지할 정도로 떨어졌다.

언뜻 보면 금의 수요와 공급에 대해 큰 오해를 불러일으킬 수 있다. 수요는 우세 요인만 두드러지고 공급에는 지속적인 부족이 예상되기 때문에 이런 소재를 통화의 기초로 채용하면 경제의 위축을 초래할 것이라는 오해 말이다. 그러나 이런 오해는 '높은 가격'이라는 신호가 얼마나 많은 연구와 탐험을 낳았는지 모르기 때문에 생기는 기우에 불과하다.

금 공급, 큰 문제 없다

세상에 존재하는 다양한 자산 가운데 금만큼 '공급량의 절대적 부족'이라는 사태가 일어나기 힘든 자산도 없을 것이다. 제2장에서 소개한 자산의 모래시계를 떠올려보라. 금은 소비 대상으로서는 가장 유동성이 높고 투자 대상으로서는 가장 가격변동성이 낮다. 그리고 최근의 금가격 상승으로 지금까지 장식품으로 축적되었던 금 중 상당량이 재활용 시장에 나와 투자 대상으로 팔렸다. 그러나 비축량 전체의 비율을 보면 장식품용이 투자용보다 더 많다는 사실에는 변함이 없다.

좀 더 금가격이 오르면 장식품으로 축적되었던 금이 투자재 시장에서 더 많이 팔릴 것이다. 물론 아직까지 장식품으로서 가계나 기업 등에 축적되어 있던 금이 전부 투자재 시장에 흡수되는 일은 없었다. 1933년에 루스벨트 대통령이 미국 국민의 금을 몰수한 일이나 1998년의 동아시아 통화위기 당시 국제수지가 극단적으로 악화된 한국에서 대통령의 호소로 금 모으기 운동을 한 사례 등 개별적으로는 비슷한 경우가 있기는 하지만 말이다.

결국 금의 절대량이 부족하기 때문에 거래가 정체되고 경제 성장이 저해될 수 있다는 주장은 지금까지 한 번도 일어난 적 없는 일을 가정하는 것에 불과하다. 또 귀금속본위, 특히 금본위는 결코 화폐 공급량을 줄이지 않는다. 오히려 금은 세계 경제의 규모가 확대됨에 따라 급속히 공급을 증가해왔다. Au라는 원소 기호를 가진 금, 비교적 순도가 높은 금이 추출되기 시작한 시기는 지금으로부터 약 6,000년 전인 기원전 4,000년 전후로 알려졌다. 그리고 기원전에 산출된 금지금의 양은 약 7,700톤으로, 현존하는 총 비축량의 4.7퍼센트에 불과하다. 즉, 경제 성장이 매우 느렸던 기원전의 세계는 화폐에 대한 수요도 약했기 때문에 산출량, 나아가 공급량이 많지 않았다. 그러나 그후 경제 성장이 가속됨에 따라 산출량이 증가했다.

디플레이션일 때 금 생산이 확대된다

게다가 각 금광을 경영하고 있는 기업은 디플레이션으로 물가가 싸고 금가격이 상승할 때 금을 증산하는 것이 이익이다. 그래서 당연히 디플레이션일 때 증산을 위해 노력한다. 사실 금광 경영이라고 하면 한 밑천 잡을 수 있는, 일확천금을 노리는 도박성이 짙은 사업으로 오해하는 사람이 아직도 많은데, 현대의 금광 경영은 매우 수수하면서도 확실성이 높은 사업이다.

먼저, 지층의 금 함유량은 실제로 파내기 전부터 정확히 계측할 수 있다. 그리고 특정 금광의 자원량은 가채조광량과 추측자원 매장량으로 분류되는데, 가채조광량은 지금 당장 채광해도 채산성이 있다고 판단되는 양이다. 그리고 추측자원 매장량은 지금 당장이라도 파낼 수 있는 양을 제외하고 비용이 얼마가 들든 상관없다는 전제 하에 채굴할 수 있는 금광석의 총량이다. 즉 가채조광량은 비교적 가까운 미래에 거의 확실히 매출을 올릴 수 있는 금광석의 양이며, 추측자원 매장량은 금가격과 채굴 비용의 비율로서 실제로 채굴될 가능성도 있고 채굴하지 않은 채 끝날 가능성도 있는 금광석의 양이다. 금가격이 오르면 그때까지 추측자원 매장량에 속했던 금광석 중에서 가채조광량에 편입되는 부분이 생긴다. 특히 디플레이션으로 기자재비와 연료비가 감소하면 이 편입량은 커진다. 제품가격은 오르는데 채굴 비용은 내려가므로 지금까지 채굴하지 못했던 부분까지 채굴할 수 있게 되는 것이다. 구체적으로 어떤 현상이 일어나는가 하면, 디플레이션일 때 금가격이 상승하면 같은 금광에서 채굴되는 금의 양이 확실히 증가한다.

그리고 또 한 가지 중요한 포인트는 새로운 금광을 발견하기 위한 탐광사업도 활발해진다는 점이다. 디플레이션으로 다른 산업은 모두 수익이 제자리걸음을 하거나 감수감익을 기록할 때 금광산업은 무조건 수익이 증가한다면 당연히 기존의 금광에서 생산량을 늘리려는 노력과 함께 새로운 금광의 탐사에 대한 기대수익도 높아진다. 역사적으로 봐도 심각한 국제금융 위기가 올 때마다 새로운 금광의 발견, 새로운 추출법의 개발로 금 공급이 확대되었다. 아니, 꼭 금융 위기가 일어나지 않아도 경제 전체가 순조롭게 성장해 통화공급의 확대가 바람직할 때는 새로운 금광이 발견되거나 새로운 추출법이 도입되어 지구상에 존재하는 금지금의 총량이 비약적으로 증가했다.

이것은 단순히 지금까지 금이 심각하게 부족할 때마다 '운 좋게' 새로운 대형 금광맥이 발견되었을 뿐이며, 앞으로도 그런 행운은 없을 것이라는 이야기가 아니다. 절대 그렇지 않다. 금도 다른 제품과 마찬가지로 공급량이 너무 적으면 가격이 급등하고, 가격이 급등하면 기존 광산의 생산이 확대되며 새로운 금맥을 발견하기 위해 채광사업에 많은 자금이 투입되는 등 경제법칙에 따라 수급이 움직이는 생산물이라는 것이다. 그렇기 때문에 세계 경제의 규모가 확대됨에 따라 금의 생산량도 확대되어 온 것이다. 대항해 시대의 모험가들이 '향료의 확보'에서 '금광·은광의 발견'으로 목표를 바꾼 이유는 15세기 중반에 은가격이 엄청나게 폭등했기 때문이었다. 1848~1949년에 캘리포니아 주 샌프란시스코 근방에서 금광이 발견된 것도, 1980년대에 알래스카 주 클론다이크에서 금광이 발견된 것도 디플레이션 속의 금가격 급등이 불러온 탐광(探鑛) 의욕 증대의 직접적인 결과였던 것이다.

콜럼버스도 금을 찾아 떠났다

이른바 15세기 말부터 16세기에 걸쳐 있었던 지리상의 발견, 서구 각국의 아시아·아프리카·남북 아메리카 대륙 식민지화 경쟁도 이 전환의 연장선상에 위치한다. 피사로(Francisco Pizarro, 1476~1541)와 코르테스(Hernan Cortes, 1485~1547)가 잉카제국, 아스테카제국을 침략하고 금은보화를 약탈했던 것은 결코 우연한 모험에서 얻은 결과가 아니다. 이탈리아인인 콜럼버스(Christopher Columbus, 1451~1506)가 포르투갈과 스페인 왕실으로부터 신대륙 탐험에 대한 후원을 받을 수 있었던 것은, '아직 발견되지 않은 황금의 섬'을 정복할 것이라는 세일즈 포인트 때문이었다. 그 섬에 무진장 쌓여있는 금·은을 약탈한다는 계획이었다. 이것은 경제활동의 규모가 확대되어 화폐 수요가 높아지면 인간은 존재조차 확인되지 않은 전설의 섬을 찾아서라도 그 수요를 만족시키려한다는 것을 보여준다.

콜럼버스는 신대륙을 발견했지만, 스페인인들은 황금향(黃金鄕)을 발견하고 금을 약탈해 본국으로 가져왔다. 황금향의 발견은 우연이 아니었다. '우리 스페인인은 황금으로만 치료할 수 있는 병에 걸렸다'라고 코르테스는 말했다. 코르테스는 아스테카 왕국을 정복하고 금을 약탈했다. (중략) 피사로는 잉카 제국의 옛 도읍 쿠스코에서 황제 아타왈파를 생포했다. 황제는 자신을 자유롭게 풀어주면 방안을 가득 채울 만큼의 황금을 주겠다고 제안했다. 왕의 명령으로 모인 금은 녹아서 금 막대가 되었고, 이 가운데 5분의 1이 스페인 왕에게 보내졌다. (중략) 1551년부터 1560년까지 스페인으로 운반된 금의 양은 43톤에 이르렀다.
17세기에 발견된 브라질의 미나스 광산은 16세기에 스페인이 아메리카 대륙에서 얻은 것보다 훨씬 많은 금을 유럽에 안겨줬으며, 그 대부분은 영국이 획득했다. 이 금이 금본위제 성립의 바탕이 되었다. ― 아라키 노부요시, 「금의 문화지」

시대는 흘러, 19세기 후반 증기기관을 주요 동력원으로 삼는 근대적인 대규모 제조업이 영국에 정착되었다. 그리고 이때 방대한 매장량의 금광맥이 잇따라 발견되었다.

최초의 골드러시는 미국 서부에서 일어났다. 로키 산맥을 서쪽으로 내려가면 샌프란시스코가 있다. 그때까지 작은 항구에 지나지 않았던 이 마을이 삽을 든 사람들로 북새통을 이뤘다. (중략) 새크라멘토 계곡에 있는 서터(John Sutter, 1803~1880) 소유의 토지와 강에 금이 묻혀 있다는 소식이 퍼졌기 때문이다.

— 62페이지

서터가 고용한 목수 마셜(James W. Marshall, 1810~1885)이 새크라멘토 계곡에서 금을 발견한 시기는 1848년이었다. 그것이 소문을 타고 미국 전역에 퍼졌고, 이듬해 1849년 일확천금을 꿈꾸는 채굴업자들이 샌프란시스코로 몰렸다. 이것이 바로 샌프란시스코를 연고지로 삼고 있는 미식축구팀의 이름이기도 한 포티나이너스(49ers)의 탄생이다.

마셜이 금을 발견한 지 불과 3년 뒤에 오스트레일리아에서 19세기의 두 번째 골드러시가 일어났다. 하그레이브스(Edward Hargraves, 1816~1891)가 뉴사우스웨일스에서 금을 발견한 것이 계기가 되어 대량의 금이 채굴되었다. (중략) 그리고 1896년 8월 16일, 세계는 19세기에 들어와 세 번째 골드러시를 겪었다. 마셜이 금을 발견한 지점에서 북쪽으로 올라가면 북아메리카 대륙의 북쪽 끝 근처에 태평양으로 흘러나가는 유콘 강이 있다. 이 유콘 강의 지류인 보난자 강 연안에서 금이 발견되었고, 또다시 황금의 랩소디가 연주되었다. — 63페이지

그러나 진짜 19세기 골드러시의 주인공이라고 할 수 있는 금광맥은 남아프리카에서 발견되었다. 남아프리카의 금광맥은 알래스카의 금광맥보다 10년 빨리 발견되었지만, 근처 확인된 매장량의 방대함과 장기간 일관되게 높은 수준의 산출량을 유지했다는 점에서는 단연 압도적이었다.

1886년에 발견된 남아프리카의 금광은 인류가 지금까지 본 적이 없었던 거대한 금맥이었다. 지금까지도 세계의 금 생산에서 압도적인 비중을 유지하고 있다. 제2차 세계대전 후 남아프리카의 금 생산은 연간 1,000톤을 넘기며 세계의 금 생산량 중 3분의 2를 차지하기도 했다. 1990년대에 들어와서는 생산량이 700톤대로 떨어지며 지위가 많이 후퇴했지만, 남아프리카는 여전히 세계 최대의 금 생산국이다.

− 64페이지

남아프리카의 금 생산량은 2000년대 들어와서도 계속 하락해, 현재는 연간 400톤 전후로 오스트레일리아·중국과 함께 생산량 세계 1위 자리를 다투는 상황이 되었다. 그러나 중요한 포인트는 19세기 후반의 50년 동안 얻은 금의 양이 인류가 과거 1,000년이라는 세월동안 얻은 금의 양을 훨씬 뛰어넘는다는 것이다. 그만큼의 압도적인 금 증산이 있었다는 사실이다.

대공황 시대에도 금광은 발견됐다

19세기를 '황금의 19세기'라고 부른다. 1816년 영국이 금본위제를 채용한 것을 시작으로 프랑스, 독일, 북유럽 각국, 네덜란드, 스페인, 일본 그리고 미국 등 주요국들이 차례대로 금본위제를 채용했으며, 비교적 전쟁이나 전염병도 적은 평화롭고 풍요로운 시기가 계속되었기 때문이다. 미국이 1960년대를 '황금의 60년대'라고 불리는 것은 단순한 별명이지만, 19세기를 '황금의 19세기'라고 형용하는 것은 금본위제와 경제적으로 풍요로웠던 시대의 출현에 어떤 인과관계가 깔려 있다.

사실 가장 먼저 금본위제를 채택한 영국은 물론, 그 뒤를 쫓아 금본위제를 채택한 나라들이 19세기 후반에 이렇게 골드러시가 빈발할 것이라는 사실을 알았을 리는 없다. 골드러시는 경제가 확대됨에 따라 금광맥을 찾는 노력이 많아지면서 생긴 현상이다. 구체적으로는 경제가 확대되면 그 확대되는 경제를 뒷받침하기 위해 더 많은 금지금이 필요하게 되고, 그러면 금가격은 상승한다. 금가격이 상승하면 사람들은 금광맥을 찾기 위해 필사적으로 노력하게 되는 것이다.

그런 맥락이라면 1930년대 대공황 속에서 대형 금광맥이 발견됐어야 했다. 얼마 전까지 나는 1930년대에 새로운 금광맥이 발견되지 않은 줄 알고 이상하게 생각하고 있었다. 그러나 남아프리카가 세계 최대의 금 산출국으로 확고하게 입지를 다질 무렵, 채굴된 금의 대부분은 1930년대 채광작업이 급격히 확대되면서 추가로 발견하게 된 광산에서 나온 것이었다.

그렇다면 1930년대에 남아프리카에서 새로운 금광산이 속속 발견된 이유는 무엇일까? 1930년대에는 대공황의 여파로 상품가격이 계속 하락하고, 전 세계의 공업 생산도 축소되고 있었다. 그런 상황에서도 가격 방어가 잘 되어 있고 채산성이 상승하던 유일한 광업 제품이 바로 금이었다. 따라서 새로운 금광을 발견했을 때 기대할 수 있는 이익이 매우 컸다.

채굴법 개발로 증가하는 금 생산량

1930년대에는 700톤, 제2차 세계대전 이후에는 1,000~1,300톤 정도의 금이 매년 채광되었다. 1970년대에는 최대 산출국인 남아프리카의 금 생산량이 크게 감소했음에도 불구하고 1980년대까지 계속 급상승했고, 1990년대 이후에는 연간 2,500톤 정도의 금을 얻을 수 있었다. 시간이 지날수록 계속해서 생산량이 늘어났다. 그 이유로 가장 유력한 것은 저품위인 금을 처리하는데 용이한 퇴적 침출법(Heap Leaching)이라는 기술이 실용화되었기 때문으로 보인다. 이 채굴법의 선구자였던 미국은 보잘 것 없는 수준이었던 금 산출량을 상위 3개국에 육박하는 수준까지 회복시켰고, 저품위 금광산이 많은 네바다 주의 금 산출량은 미국 전체의 약 80퍼센트를 차지하게 되었다. 도박과 이혼을 위한 여행 이외에는 이렇다 할 산업이 없었던 네바다 주로서는 단비 같은 기술 혁신이었던 것이다.

　금광의 채산성을 생각할 때 매우 중요한 개념이 '품위'다. 품위는 광석 1톤당 금이 얼마나 함유되었는지를 나타내는 것으로, 보통 그램 단위로 표시된다. 예를 들어 1830~1920년 동안 실제로 조업하던 금광의 평균 품위는 22그램이었다고 한다. 아마도 1980년대까지도 평균 품위로 보면 3~5그램 정도는 됐을 것이다. 2000년에도 평균 품위가 2.2그램은 됐다. 그런데 2010년의 최신 통계에 따르면 현재 전 세계에서 조업 중인 금광의 평균 품위는 0.8그램까지 떨어졌다. 광석 1그램이 사람 한 명이라고 가정하면 '125만 명을 만나야 겨우 운명적인 상대를 한 명 만날 수 있을' 정도로 낮은 확률이다. 그런 확률의 금광석을 찾아내고 모아서 정련하고 있는 것이다. 이런 저품위광을 채산성 있게 경영하는 기술이 확립된 것은, 물론 비교적 최근의 일이다.

　이 저품위광에 대한 시각은 둘로 갈라질 것이다. 첫째는 '지구상에 있는 금의 양이 품위가 낮은 광산까지 개발해야 할 만큼 줄어들었다'라는 부정적인 시각이다. 그리고 둘째는 '채산성이 떨어져 옛날 같으면 방치했을 자원을 과학기술의 발전으로 효과적으로 이용할 수 있게 되었다'라는 긍정적인 시각이다. 나는 물론 후자가 옳다고 생각한다. 정말 필요해지면 새로운 광맥의 발견이나 신기술의 개발을 통해 금처럼 옛날부터 채굴해온 금속의 연간 채굴량도 크게 증가시킬 수 있는 것이다. 시장경제라는 시스템이 금의 수요가 높으면 비싼 가격을 매겨 증산을 유도하고, 이 비싼 가격이라는 신호를 받은 공급 측에서는 반드시 가격에 걸맞은 증산을 가능케 하는 가채조광량의 확대나 발전된 정련법의 개발, 새로운 광맥의 발견 같은 적극적인 반응이 나온다.

'지금까지는 운 좋게도 경제 성장에 맞춰서 금의 생산이 확대되어 왔으나 이미 공급이 한계에 이르렀기 때문에 이제 금의 절대량은 증가하지 않는다, 그러므로 금본위제 부활은 비현실적이다'라는 말은 결국 '시장 시스템이 내는 비싼 가격이라는 신호는 전혀 생산을 유도하지 못한다, 즉 시장 시스템은 기능하지 않는다'고 주장하는 것과 다름없다.

금 생산에는 이중, 삼중의 자동제어장치가 있다

그러면 지금까지의 내용을 정리해보자. 금의 생산에는 이중, 삼중의 자동제어장치가 있다. 그리고 금의 공급량은 필요하다면 확실히 늘릴 수 있다.

먼저, 투자 대상으로서의 금가격이 상승하면 장식품으로서 주로 가계에 보관되어 있던 금이 재활용 시장에 나온다. 그리고 디플레이션으로 상품가격이 하락하는 가운데 금가격만이 상승할 때는 금광 경영의 수익성이 높아지므로 증산 노력이 강화된다. 게다가 금광 경영 기업은 새로운 금광맥의 발견과 개발, 그리고 산금기술의 발전에 주력한다.

이와 같이 투자 대상으로서의 금 수요가 높아져 시장가격이 상승하면 금의 공급량은 확실히 증가한다. 그리고 금의 공급량 증가는 중앙은행의 불환지폐 증쇄에 따른 통화 공급량 증가에는 없는 특별한 성질이 있다. 금의 증산에는 그에 상응하는 비용 상승이 따른다는 사실이다. 중앙은행이 불환지폐를 증쇄할 때 들어가는 비용은 고작해야 인쇄기 사용료, 종이와 잉크 비용 등 미미한 수준이다. 즉 실물경제의 활동은 전혀 증가하지 않는데 실물경제가 만들어내는 물건이나 서비스의 양을 재는 잣대만 변하는 것이다. 게다가 이 잣대는 계속해서 단위길이가 짧아지는 골치 아픈 존재다.

어쩌면 모두가 이 잣대에 대한 공통된 환상을 가지면 되면 경제 활동 자체가 활발해질 수 있을지 모른다. 잣대는 줄거나 늘어나지 않고 일정한 길이를 유지한다는 신념을 가지고 있어, 경제 전체의 부가 확대된 듯한 환상에 사로잡힌다면 말이다. 케인즈주의자들이 '수요를 환기한다'든가 '기폭제가 된다'라고 표현하는 효과가 나타나는 것이다. 경제학 책에서는 '사회 전반에 화폐 현상이 있으면 통화 공급의 증가는 실물경제에 플러스 영향을 끼친다'고 설명한다. 하지만 실제로는 그렇게 될 수도 있고 안 될 수도 있다. 특히 경제 침체가 어느 정도 계속되면 사람들은 통화 공급이 증가하는 것만으로 물건이나 서비스가 증가하지 않는다는 사실을 깨닫는다.

케인즈적인 발상에 익숙한 사람들은 불환지폐는 필요하면 화폐 공급량을 무한대로 확대할 수 있는 반면, 금(이나 은)에 묶여 있는 태환지폐는 아무리 애써도 공급량을 무한대로 확대할 수 없다고 주장한다. 그런데 정말 그럴까? 공급자가 필요하다면 얼마든지 공급하겠다고 보증하는 물건은 정말로 '얼마든지' 공급하면 그 물건의 가격은 끝없이 하락할 것이다. 공급량이 무한대에 가까워짐에 따라 가격은 한없이 제로에 가까워지지 않을까? 즉, 불환지폐도 무한대라는 괴물을 내제한 화폐제도라는 말이다.

하이퍼인플레이션의 발생 원인

문제는 그 다음이다. 실물경제에서 물건이나 서비스는 증가하지 않는데 돈만 과잉 공급되고 있음을 이해한 사람들에게는 두 가지 대응책이 있다.

첫째는 돈의 가치는 점점 하락하고 있으니 빨리 써버리는 것이 좋다고 생각하여, 돈을 그대로 가지고 있지 않고 물건이나 서비스로 바꾸는 방법이다. 즉 화폐의 유통속도를 높이는 것이다. 그 종착점은 하이퍼인플레이션이다. 이렇게 되면 아침에 받은 돈의 가치가 저녁이 되면 떨어지기 때문에 노동자들이 임금을 하루에 두 번 달라고 요구하는 사태가 벌어진다. 물론 아침에 받은 돈은 오전 중에 물건으로 교환하러 가므로 정상적인 생산체제가 불가능하게 되고 사회 전체는 파멸로 향한다. 그러나 모두가 그쪽으로 가는데 자신만 현금을 묵혀두면 큰 손해를 보게 되므로 흐름에 동참할 수밖에 없다. 이것이 바로 케인즈파 사람들이 말하는 '합성의 오류', 오스트리아학파 경제학자가 말하는 '의도하지 않은 결과의 법칙'일 것이다. 개개인은 분명히 최선의 선택을 했지만 그것이 최악의 결과를 초래하는 것이다. 둘째는 생산활동도 침체된 상태이므로 이 돈에는 액면만큼의 가치가 없음을 알면서도 물건과 교환하는 경쟁을 하지 않는 것이다. 이것은 무제한적인 통화 공급 확대를 막고자 모두가 거래 횟수를 줄이거나 한 번의 거래에 사용하는 돈의 양을 줄임으로써 화폐의 유통속도를 낮추는 것이다. 이것이 디플레이션이다. 즉 디플레이션은 인플레이션으로 잃어버린 화폐 가치를 회복하기 위한 자연치유 과정인 것이다.

경제학자들은 디플레이션을 하이퍼인플레이션에 못지않은 경제 위축의 수렁으로 묘사하고 싶어 한다. 그러나 가격지배력을 쥔 거대 기업이 일방적으로 생산 축소를 강행하지 않는 한 디플레이션과 실물경제의 위축은 거의 관계가 없다. 적어도 사회의 근간을 파괴해버리는 하이퍼인플레이션이나 '차입 능력'의 차이로 부자와 가난뱅이의 격차가 커지는 지속적인 인플레이션보다는 훨씬 양호하다.

금 생산을 늘리면 고용도 소비도 늘어난다

앞서 말한 대로 금의 증산에 따른 통화 공급 증가는 비용이 동반된다는 점에서 좋다. 불환지폐의 증쇄에 따른 '수요 환기'라든가 '기폭제' 같은 모호한 표현과는 달리, 금의 증산은 그 자체가 이미 경제 활동의 확대를 의미한다. 각 금광 경영 회사가 기자재비와 연료비를 늘리는 것도 실물경제의 확대다. 또 탐광 회사가 지금까지 연간 100개씩 사용하던 부품의 수를 200개 또는 300배로 늘리는 것도 실물경제의 확대다. 즉 금본위제에서의 통화 공급 증가는 실물경제의 확대라는 지원을 받는 것이다. 그리고 확대 속도도 '가능한 채산성'에 따라 조정된다. 얼마든지 확대할 수 있다는, 언제 하이퍼인플레이션으로 갈지 모르는 무모한 모험은 하지 않는다.

디플레이션 상황에서 금 증산은 경제 전체를 축소 재생산에서 확대 재생산으로 전환하는 출발점이 된다. 이미 그 조짐은 미국 경제 속에서 확실히 나타나고 있다. [그림4-4]는 미국의 주요 산업의 설비 가동률을 나타낸 것이다. 이것을 보면 전체 산업 또는 제조업은 참담한 저수준에 머물러 있다. 보통은 안정적으로 높은 수준을 유지해야 할 전력·가스까지도 리먼 쇼크 후의 부진에서 거의 회복되지 않고 있다. 오바마 대통령(Barack Obama)의 '수출 주도를 통한 경기 회복'이라는 슬로건은 경제 실체와는 무관한 허세라고밖에 생각할 수 없다. 그런데 이런 상황 속에서 광산업만은 1994~1995년의 전성기에 버금갈 만큼 호조를 보이고 있다.

그리고 설비능력 자체의 평균 연령을 봐도 광업은 2000년부터 2009년 사이에 2세나 젊어지며 전체 산업 중에서 당당히 1위를 차지했다. 한편 정보산업은 3.7세 노화, 금융업은 3.0세 노화, 행정과 폐기물 처리는 2.8세 노화 등, 언론에서 추앙하는 산업은 세간의 평가와는 반대로 설비의 노후화가 진행되고 있다. 이런 인기 산업이

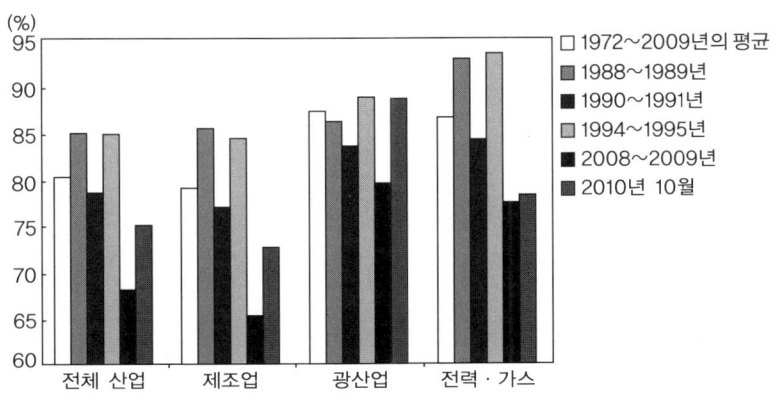

[그림4-4] 미국의 주요 산업의 설비 가동률

(출처) 블로그 'EconomPic Data' 2010년 12월 15일 기사를 바탕으로 작성.

설비투자를 억제하고 있을 때 반대로 설비투자를 확대할 수 있다는 의미에서도 디플레이션 속의 금가격 상승은 경제의 자동 안정화 장치가 될 수 있다.

그러나 역시 언젠가는 지구상에 존재하는 금 자원이 전부 고갈되어 금이 교환 매체로서 담당해야 할 역할을 수행하지 못하면 경제가 쇠퇴하지는 않을까 걱정하는 사람도 있을 것이다. 100년이나 200년 단위의 이야기가 아니라 1,000년 단위로 보면 그런 걱정이 기우라고는 단언할 수 없다. 그러나 안심하기 바란다. 그 무렵에는 나노금이라고 하는, 순도로 치면 현재 순금의 순도인 99.99퍼센트(포 나인)에서 99.9999퍼센트(식스 나인)로 향상시킨 금이 그램당 일반 순금의 수십 배 가격에 거래되어 금에 대한 투자용 수요는 그

나노금에 집중될 것이다. 나노금의 물리 특성은 일반 순금과 비교가 안 될 만큼 우수하다고 한다. 그리고 장식품으로서 가계에 보관되어 있던 금까지 전부 끄집어내 나노금으로 변환하려면 긴 시간과 상당한 고가라는 시장의 신호가 필요할 것이다. 확실한 실물 가치를 지닌 무국적 통화로서의 금의 가치는 나노금이 보급됨에 따라 점점 확고해질 것이다.

선택은 하나다

물론 현대 사회에서는 전 세계 어디를 봐도 태환지폐를 사용하고 있는 나라가 없다. 태환지폐는 '이 지폐를 가지고 오면 미리 정해진 교환율에 따라 금(또는 은)과 교환해 줍니다'라는 보증이 딸린 지폐다. 그런 의미에서 보면 금은 이제 공식적인 통화가 아니다. 그러나 세계 어디를 가든 금만 가지고 있으면 그 무게에 상응하는 금액으로 그 나라의 통화와 교환할 수 있다. 따라서 금은 지금도 실질적인 무국적 통화로서 건재하고 있다.

그에 비해 지금 전 세계에서 발행되고 있는 불환지폐는 중앙은행의 '우리 은행이 발행한 지폐에는 이만큼의 가치가 있다'는 구두 보증만 있을 뿐이다. 그 실체는 복잡한 문양이 인쇄된 조그만 종잇조각에 불과하므로 언제까지 얼마나 가치를 유지할 수 있을지 알 수 없다. 모두가 불안하게 느낄 때도 있다. 주식시장에서 주가가 계속 폭락하여 대기업이 도산하고, 채권시장이나 상품시장까지 침체

될 때 말이다. 사람들은 금융시장 전반에 불안감을 느끼면 실체적 가치가 있는 화폐를 보유함으로써 안정감을 얻고 싶어 한다. 주식이나 채권은 언제 휴지조각이 될지 모른다. 상품을 사놓아도 디플레이션이 되어 물건 가격이 전부 떨어지면 손해를 본다. 하지만 금에는 귀금속으로서의 희소성이 있으니까 가치가 사라지는 일은 절대 없다. 그리고 이렇게 확신하는 사람이 많기 때문에 금은 위기 때마다 다른 금융 상품을 크게 웃도는 수익을 보인다. 이것이 금융시장의 불안감이 높아지면 전 세계에서 금가격이 오르는 근본적인 이유다.

16세기 유럽을 르네상스로 대표되는 화려하고 밝은 시대라는 생각하는 사람이 많은 듯하다. 그러나 실제로는 종교개혁파(프로테스탄트)와 반 종교개혁파(가톨릭)가 피비린내 나는 전쟁을 거듭했으며, 자신들의 영역에서는 서로 적대하는 종파의 신자를 불태워 죽이던 살벌한 시대였다. 그런 16세기의 초반인 1515년에 스위스 국경과 인접한 생 마르탱 뒤 프랜이라는 프랑스 마을에서 태어나 평생에 걸쳐 종파 간의 화합을 호소하다 생을 마친 세바스티안 카스텔리오(Sebastian Castellio, 1515~1563)라는 신학자가 있었다. 그는 항상 평화를 바랐고 민중의식이 건강하다는 것을 믿는 사람이었다. 그는 온건한 사상을 가지고 있었고 이 때문에 평생 박해를 받았다. 고국 프랑스로 돌아가지 못했고 망명지였던 스위스 바젤에서 45세의 나이로 세상을 떠났다. 그가 남긴 말 중에 금에 관한 주옥 같은 명언이 있어 잠시 소개한다.

"이단자라는 혐의로 훌륭한 사람을 한 명 죽이기보다 100명, 아니 1,000명의 이단자를 살려 두는 편이 낫습니다. (중략) 박해자는 박해받는 자와 마찬가지로 실수를 할 때가 있기 때문입니다." (중략) "화폐가 황금이 아니라면 그것은 여기에서는 통용되더라도 다른 곳에서는 통용되지 않을 것입니다. 그러나 진짜 황금 화폐는 그것에 어떤 문양이 새겨져 있든 모든 곳에서 통용될 겁니다."

― 와타나베 가즈오, 『프랑스 르네상스의 사람들』, 346~349페이지

보통 사람이라면 중세에서 21세기 초반에 이르는 긴 시간 동안 인류는 진보했다고 생각할 것이다. 하지만 내 생각은 다르다. 인플레이션과 디플레이션을 둘러싼 일류 경제학자들의 논쟁이나 2010년, 마침내 트로이온스당 1,400달러대에 진입한 금가격 상승에 대한 경제학자들의 히스테리 반응을 보고 있으면 조금도 진보하지 않았다는 결론을 내리고 싶다.

유난히 냉소주의자가 많은 영국인 중에서도 최고의 냉소주의자로 인정받는 조지 버나드 쇼(George Bernard Shaw, 1856~1950)는 이런 말을 했다.

"선택은 둘이다. 금이라는 천연자원의 안전성을 선택할 것인가, 아니면 정부 관계자의 솔직함과 지성을 선택할 것인가. 나는 정부 관계자 여러분을 존경해마지

않지만, 자본주의 시스템이 계속되는 한 금에 한 표를 던지고 싶다."

너무나 당연한 말인지도 모르지만, 나도 그의 의견에 전적으로 동의한다.

5장

CRISIS GOLD

금시장과 음모세력

금에 관해 이야기할 때 빠지지 않는 것이 있다. 바로 금가격을 조작하는 음모세력이 있다는 것이다. 실제로 주식이나 채권의 시장 규모를 감안할 때 이해할 수 없을 만큼 금시장에는 많은 음모론과 전설이 전해지고 있다. 그것은 아마 먼 옛날부터 금을 모으고 축적해왔기 때문인 것으로 생각된다.

정말 금시장에는 음모세력이 있는 걸까

지금도 금시장이라고 하면 위험한 세력에 의해 금시장이 조종당하고 있다는 오해가 많다. 때문에 투자를 망설이는 사람이 많다. 물론 나 역시 누군가가 "정말 금시장에 음모가 있나요? 조작하려는 세력이 있나요?"라고 물어온다면 그렇다고 대답할 것이다. 그러나 금 투자를 하지 말라는 맥락은 아니다. 핵심은 아무리 강력한 음모가 있

[표5-1] 금의 분야별 소비량(2007년)

(단위: 톤)

장식품		2,398.7
공업용 원료 · 치과의료용 재료		461.1
	전자 부품	310.6
	기타공업용 원료	92.7
	치과의료용 재료	57.8
소액 투자		445.2
	금 막대	235.6
	공식주화	137.0
	메달 · 기념주화 등	72.6
ETF 기초 자산		253.3
계		3,558.3

(출처) 〈내셔널 지오그래픽〉 2009년 1월호 특별 기사를 바탕으로 작성.

다고 해도 금가격을 조작할 수는 없다는 것이다. 음모세력이 '세계 정복'의 수단으로 대체 통화, 세계 통화, 본위 통화 등 표현이야 무엇이든 통화준비의 한 형태로서의 금지금을 매점하려 한다면 그것은 어리석은 계획이다. 시장 메커니즘을 아주 조금이라도 알고 있는 사람이라면 절대 믿지 않을 '소설'에 불과하다.

차근차근 설명해보겠다. [표5-1]은 금가격이 본격적으로 상승하기 직전인 2007년 한 해 동안 금이 어떤 용도로 소비되었는지 정리한 것이다. 이 해의 총 소비량은 약 3,558톤이고, 용도별로 살펴보면 장식품이 67.5퍼센트로 압도적인 비율을 차지한다. 공업용 원료·치과의료용 재료로 13퍼센트, 소액투자용으로 12.5퍼센트, 금으로 조성된 ETF의 기초 자산에 7.1퍼센트가 사용되었다. 그런데 2007년

한 해 동안 생산한 금의 양은 2,473.2톤이었다. 즉 연간 소비량이 생산량을 크게 웃돌았다. 소비자의 3분의 1은 가짜 금을 산 것 아니냐고 생각할 수도 있다. 그것은 오해다. 금뿐만 아니라 은이나 백금도 마찬가지지만, 귀금속 자원의 이점은 어떤 형태로 이용되고 있든 녹여서 다시 이용할 수 있다는 융통성에 있다. 즉 매년 소비되는 금의 총량은 재활용 시장에 나온 금을 포함한 숫자이므로 그 해의 생산량보다 당연히 커진다. 참고로 2007년에 새로 산출된 금과 중고 금을 포함한 금 가공량은 3,089.4톤이었다. 한편 더 가공할 필요가 없는 소액투자용 금 막대와 ETF의 기초자산용 금은 전체 소비량 중 488.9톤으로, 전체 금 소비량에서 이 항목을 빼면 3,069.4톤(전체 소비량 3558.3톤-금 막대와 ETF기초자산 488.9톤)이다. 2007년 한 해의 전체 소비량과 가공량은 통계적으로 큰 의미가 없는 오차 20톤을 제외하면 계산이 맞는다.

   주목해야 할 점은 더 있다. 이 두 가지 데이터에는 각국의 중앙은행과 국제 협조 금융기관(예를 들어 IMF·세계은행 또는 국제결제은행) 같은 조직의 금 수요가 빠져 있다는 사실이다. 이 해에 중앙은행 등의 금 수요는 예년과 마찬가지로 마이너스였다. 즉 금시장에서 매입보다 매도를 더 많이 한 것이다. 따라서 중고 금의 재가공량은 616.2톤(금 가공량 3,089.4톤-생산량 2,473.2톤)보다 적었다고 추측된다.

   다시 표로 돌아가자. 공식 주화는 각국의 조폐공사가 화폐로 유통할 것을 염두에 두고 만든 것이고, 메달 또는 기념 주화는 민간 기업이 만든 것이다. 이 두 항목의 합계는 대략 200톤(137톤+72.6톤)으로 소액투자용의 약 45퍼센트를 차지한다. 기관 투자자는 금 막대는 매입해도 공식주화나 메달 또는 기념주화에는 거의 손을 대지 않는다. 그렇게 봤을 때, 금의 투자 수요를 보면 개인 투자자의 존재감이 꽤 크다는 것을 알 수 있다.

미국과 유럽 각국의 개인 투자자들은 1990년대 후반 이후 거대 기관 투자자들에게 농락당해 주식이나 부동산에서 참담한 투자 실적을 올렸던 경험이 있기 때문에 다른 투자에 관심이 많고 호의적이다. 반면 일본의 개인 투자자들은 주식이나 부동산에서 기관 투자자보다 꽤 좋은 성적을 올리고 있어서 금에는 별 관심이 없는 분위기다. 그래서 일본에서는 개인 투자자의 금 투자 의욕이 낮으며, 반대로 미국과 유럽의 개인 투자자들은 기관 투자자에게 한 방 먹일 수 있는 최후의 보루라는 생각으로 금 투자에 열을 올리고 있다.

금 매점은 가능할까

그러면 아무리 거대한 기관 투자자라 해도 금을 매점하는 것이 얼마나 위험한 행동인지 지금부터 설명하도록 하겠다.

먼저, 전 세계의 중앙은행이나 국제 협조 금융기관이 보유한 금 준비의 총량은 미국의 8,000여 톤을 비롯해 약 3만 톤으로 추정된다. 미국의 금 보유량은 더 줄어들었을 것이라는 주장도 있지만 일단 넘어가도록 하자. 한편, 매년 민간 기업이나 개인이 투자용으로 사모으고 있는 양은 500~600톤이다. 이 가운데 금 막대를 매점하는 것은 간단하겠지만 영세 개인 투자자용인 주화나 메달까지 매점하려면 엄청난 노력이 필요하다.

  게다가 금시장에는 연간 생산량과 거의 같은 수준으로 장식품 수요가 존재한다. 2008년까지는 장식품 수요가 연간 생산량과 거의 동등하거나 때로는 연간 생산량을 크게 웃도는 2,200~3,200톤의 높은 수준을 유지했다. 2009년에는 금가격 급등으로 투자용 수요가 높아지는 바람에 장식품 소비량이 연간 1,760톤으로 크게 낮아졌지만, 2000~2008년의 9년만을 놓고 보면 장식품으로서 개인 소비자들이 소유하는 금은 연간 약 2,600톤, 9년간의 누계로는 2만 3,600톤에 이른다. 금의 경우, 이 장식품도 투자용 수요와 완전히 떼어놓고 생각할 수는 없다. 오히려 '잠재적인' 투자용 수요라고 해도 무방할 것이다. 중국이나 인도의 작은 부자들은 생활에 여유가 생기면 제일 먼저 금으로 만든 장신구를 산다고 한다. 물론 위급할 때 쉽게 가지고 도망칠 수 있으며 전 세계 어디를 가도 합당한 가치에 환금이 가능하다는 매력이 있기 때문이다. 이런 점 때문에 거대한 기관 투자세력이 전 세계의 금 장식품을 사모으려 한다면 엄청난 자금과 시간이 들어갈 것이다.

  금 장식품은 어느 정도 가공이 되어 있는 것으로 유명 금 세공사나 일류 브랜드의 제품에는 상당히 높은 부가가치가 추가된다. 녹여서 투자용 금으로 비축할 생각이라면 투자자는 부가가치를 뺀 값에 사들이고 싶은 것이 당연하겠지만, 파는 쪽에서는 자신의 공을 배제한 가격에 내놓으려 하지 않을 것이다. 또 장식품으로 소비된 금 가운데 상당량은 가격만 맞으면 얼마든지 환금할 의사가 있는 개인 부자들이 보유하고 있다. 그러니 중앙은행이나 대형 금융기관, 대형 금광회사 등이 가지고 있는 금을 전부인 양 생각하고 매점하는 것이 얼마나 위험한 행위인지 이해가 될 것이다.

현재까지 채굴되어 유통과정에 있거나 약 16만 톤에 이르는 금의 비축량 가운데 통화준비에 사용되고 있는 것은 3만 톤에 불과하며, 금 장식품은 최소한 10만 톤 이상으로 추정되고 있다. 정말 통화준비로서 사용되고 있는 금을 매점하려 한다면 장식품용 금도 한없이 흡수해야 한다. 각국 금융기관이 통화준비로서 보유하고 있는 금만을 매점하려 하는 것은 밑 빠진 독에 물을 붓는 것과 같다. 사상 초유의 갑부 로스차일드 일족이든 델 방코 일족(베네치아 출신 금융재벌)이든 5대 금괴 은행이든, 특정 그룹이 세계 정복을 목적으로 금을 매점하려 한다거나 이미 매점에 성공했다는 얘기는 말도 안 되는 것이다. 이는 단순히 금시장의 수급 구성을 보기만 해도 엄청난 논리의 비약이 있음을 알 수 있다.

그렇다면 금과 음모는 아무런 관계도 없을까? 그렇지 않다. 지금도 본래 시장의 움직임에 맡겨둬야 할 금가격을 어떻게든 조작하려고 하는 세력은 엄연히 존재한다. 그리고 이들은 목적달성을 위해 은밀한 모의를 추진하고 있다.

금을 매각한 각국의 중앙은행

본론은 지금부터다. [그림5-1]을 보기 바란다. 1989년부터 2009년까지 세계 각국의 중앙은행과 국제 협조 금융기관의 금 거래량을 추적한 그래프다. 이것을 보면 1989년부터 2008년까지 중앙은행과 국제 협조 금융기관은 지속적으로 금을 매각해왔다는 것을 한눈에 알 수 있다. 그리고 매각량은 1999년처럼 아주 미미할 때도 있지만 1997년처럼 600톤이 넘을 때도 있었다.

그렇다면 각국의 중앙은행과 국제 협조 금융기관은 왜 이렇게 장기간에 걸쳐 금을 매각해온 것일까? 게다가 제2장에서 트로이온스당 달러 표시 금가격을 나타낸 [그림2-6](65쪽)과 대조해보면 아주 이상하다. 먼저, 1989년부터 2003년까지 금가격은 트로이온스당 400달러대를 돌파하지 못했다. 이런 침체기에 중앙은행과 금융기관들은 상당량을 매각했다. 그리고 이보다 더 기괴한 점은 2004년에 400달러대를 돌파한 후 2008년까지 금가격은 계속 급등했다. 그런데도 중앙은행과 금융기관은 일관되게 침체기 이상의 양을 매각했다는 사실이다. 마치 서툰 개인 투자자가 시가(時價)에 살 권리(콜 옵션)를 팔아서 용돈벌이를 했는데 주가가 급등해 현물을 넘길 수밖에 없게 된 것과 같은 어리석은 행동을 반복한 모습이다.

물론 빚이 늘어나 자국이 시중은행과 투자은행, 투자관리 전문은

[그림5-1] 각국 중앙은행과 국제 협조 금융기관의 금 순매입·순매각량(1989~2009년)

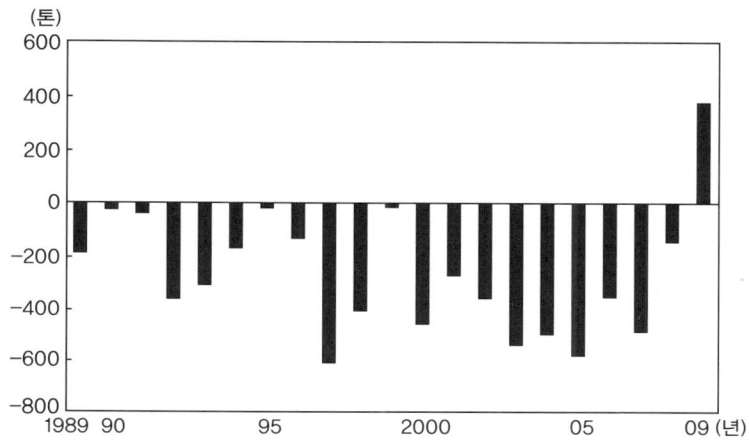

(출처) Erste Group, *Special Report Gold*, June 2010.

행(Merchant Bank) 등의 뒤치다꺼리를 해주기 위해 금지금을 유출할 수밖에 없었다는 측면은 고려되어야 할 것이다. 하지만 세계 각국의 우수한 인재가 모여 있다는 중앙은행과 금융기관이 20년 가까이 이런 어리석은 행동을 했다는 사실은 생각할수록 한심한 일이다. 참으로 믿기 힘들다.

워싱턴 협정의 진짜 목적은 매각 카르텔

흔히 음모라고 하면 대부호들이 인적이 드문 산속이나 먼 바다의 섬에 있는 별장에 모여 한밤중까지 속닥속닥 모의하는 장면을 떠올릴 것이다. 그렇게 몇몇 사람이 모여 몰래 의논한다는 의미의 음모라면 금의 세계에서 논할 것은 없다. 그런데 다른 유형의 음모라면 이야기할 것이 있다. 그것도 실제로 시장에 엄청난 영향을 끼친 음모 말이다.

1999년 9월, 세계 각국의 중앙은행 간부들은 IMF 총회에 참석하기 위해 워싱턴에 모였다. 그리고 그들은 이 자리에서 사상 유래없이 큰 규모의 금가격 억제 음모를 대낮에 당당하게 모의했다. 유럽의 중앙은행(ECB), 당시 EU 가맹국 중 그리스를 제외한 10개국과 영국, 스위스, 스웨덴의 14개 중앙은행이 제1차 워싱턴 협정에 조인했다. 표면상의 이유는 유럽의 외환보유고에서 금준비가 차지하는 비율이 40퍼센트가 넘는 나라가 많은데, 대체로 30퍼센트 정도가 적정 수준이니 그 수준이 될 때까지 금을 방출하자는 것이었다. 이상하게도 어떤 근거에서 30퍼센트를 적정 수준으로 계산했는지는 설명되지 않았다. 어쨌든 나는 이 협정이 다른 목적에서 비롯되었다고 생각한다. 가맹국의 중앙은행 중 어느 한 곳에서 먼저 금을 대량으로 팔게 되면 금가격이 급락하기 때문에, 그런 사태를 막고자 매각 카르텔을 맺는 것이 진짜 목적이었을 것이다. 조건은 '5년에 걸쳐 매년 최대 400톤, 5년 누계 2,000톤'을 넘지 않는 선에서 매각할 것.

이후 제2차 워싱턴 협정이 만료되는 2004년에는 제2차 협정이 체결되었다. 이 협정에서 매각 한도는 연간 500톤, 5년 누계

2,500톤으로 늘어났다. 그리고 바로 최근인 2009년에는 매각 한도가 제1차 때와 같은 연간 400톤, 5년 누계 2,000톤으로 되돌리는 제3차 협정이 체결되었다. 최신 자료에 따르면 이 협정에 참가한 중앙은행은 19개로 늘어났다.

분명 매각 카르텔은 금가격 억제에 상당히 효과가 있었다. 실제로 1999년에 미국은 트로이온스당 253달러, 일본은 트로이온스당 917엔으로 1980년 이후 금가격의 최저점을 찍었다. 각국이 질서 있게 금을 매각한다는 워싱턴 협정으로 금가격이 하락할 것이라는 예측이 팽배했고, 그것이 금시장에 강력한 매도 압력이 되었기 때문이었다. 그렇다면 매각 카르텔의 금가격 억제효과가 지속됐을까? 음모세력을 저지할 수는 없을까?

유럽을 중심으로 한 각국의 중앙은행이 금을 매각하기 시작한 것은 1990년대 전후인데, 1999년 협정이 발효된 후 특별히 매각 속도가 가속된 것은 아니었다. 오히려 매각 한도를 확대한 2004~2005년 전후부터 매각 속도가 조금 가속된 느낌이 있었다. 한도가 확대된 만큼 대량으로 금준비를 방출한 중앙은행이 많았기 때문일 것이다. 그렇다고 2004~2005년에 금가격이 큰 폭으로 하락한 것은 아니다. 제1차 워싱턴 협정 발효 이후의 금가격 동향을 살펴보면 1999년 가을 무렵에 바닥을 친 금가격은 2007년까지 상당히 빠른 속도로 상승했다.

협정에 가담했던 중앙은행들이 의도한 결과라고 생각하는 사람들도 있을 것이다. 워싱턴 협정에는 '이 협정의 목적은 결코 금가격의 억제가 아니다'라는 조항까지 있으니 그럴 수도 있겠다고. 그러나 이렇게 많은 금을 매각하기로 결정한 사안은 누가 봐도 금가격을 상승시키기 위한 방법이 아니다. 그들은 단지 금가격이 크게 하락할 것으로 예측하고 대폭락 이전에 사이좋게 금을 팔아치우려 했을 뿐이다. 그리고 워싱턴 협정에는 참가하지 않는 세계 각국의 중앙은행과 국제 협조 금융기관(예를 들면 IMF나 세계은행 등)도 1990년대부터 9년 동안은 [그림5-1](183쪽)에 나타나 있는 대로 본격적으로 금을 매각한다는 방침을 세웠다.

하지만 어찌된 일인지 매각 움직임은 점점 둔화되어 2008년에는 매각량이 연간 200톤 미만까지 축소되었고, 2009년에는 순매각에서 순매수의 움직임으로 전환되었다.

계속되는 꼼수

제2차 워싱턴 협정의 유효기간 동안 가맹국의 중앙은행들은 열심히 금 매각을 계속했는데, 그중에서도 특히 금을 대량으로 매각한 나라는 프랑스와 스위스였다. 드골 대통령 재임시절 미국에 트로이온스당 35달러에 금태환을 요구했던 프랑스나, 밥보다 금을 더 좋아해서 '취리히의 작은 악마들'이라 불리는 스위스은행의 트레이더들을 생각한다면 다소 놀라운 사실이다. 그런 두 나라가 금가격 상승률이 특히 높았던 2004~2009년에 금을 대량 처분하는 실수를 저질렀다.

그렇다고 제2차 협정 유효기간에 금을 대량 처분하지 않은 중앙은행들이 올바른 판단을 했다는 것은 아니다. 이미 제1차 협정 유효기간에 되돌릴 수 없이 금을 너무 많이 매각하여 제2차 협정 유효기간에 매각할 금이 없어 매각하지 못한 나라가 있었으니 말이다. 바로 영국이다. 영국은 제1차 협정 유효기간에 엄청난 금을 팔아 치워, 1999년에 500톤대 중반이었던 금 보유량이 2004년에는 겨우 300톤대 정도였다. 팔 수 있는 금이 거의 없었다. 결국 영국은 트로이온스당 200~800달러대까지 계속 매각하다가 1,000달러를 목전에 두고 매입으로 돌아섰다.

워싱턴 협정에 가담한 중앙은행들도 계속해서 매도 공세를 펼쳤음에도 금가격은 계속 급상승했다. 거대 수요자가 매수 의욕을 강화한 점이 그 이유였다. 구체적으로 말하면 기관 투자자와 각국 정부, 국제 협조 금융기관 중에서도 일방적인 매도에서 매수로 전환하는 플레이어들이 나타나기 시작했다.

영국 정부는 바닥이라고 해도 좋을 낮은 가격에 열심히 금을 방출했고, IMF 같은 국제 협조 금융기관은 여러 가지 의도가 복잡하게 얽혀 금가격이 상당히 상승한 뒤에도 시세보다 낮은 가격으로 특정국 정부에 금을 매각했다. 하지만 2005~2006년 무렵부터 각국의 중앙은행들은 판매자에서 구매자로 자신들의 위치를 서서히 바꾸었다. 그때까지 주로 달러와 유로, 파운드로 외환보유고를 비축했던 중국, 러시아, 인도와 같은 신흥국 정부가 금 비축 확대로 전환하는 경향이 명백해졌기 때문이다. 이것이 2006년 이후 두드러진 금 가격의 급등을 뒷받침했고, 2009년이 되자 중앙은행과 국제 협조 금융기관은 마침내 약 200톤의 공급자에서 400톤 정도의 수요자로 돌아섰다.

대형 금융기관의 금 매각

금가격의 상승을 고집스럽게 인정하지 않다가 큰 손해를 본 것은 비단 중앙은행만이 아니다. 선물시장의 대형 은행 또한 중앙은행과 마찬가지로 매도 우선의 자세를 고집하다 지속적으로 손해를 봤다.

금 선물시장을 세 은행이 좌지우지하고 있다. 1위 미국계 은행, 2위 영국계 은행, 나머지 한 곳은 잘 모른다. 어쨌든 세 은행이 관여한 거래를 전부 더하면 전체 거래량의 대략 90퍼센트가 넘는다고 한다. 보통 이 정도 규모의 거래를 하면 가격 동향을 어느 정도 파악할 수가 있다. 그런데 금 선물시장을 좌지우지하는 이 은행들은 시세 동향을 무시하고 일관되게 매도 우선의 자세를 취했다. [그림 5-2]는 1위인 미국계 대형 은행과 그 밖의 시장참가자들이 파생상품시장에서 금과 기타 상품의 선물을 어느 정도 규모로 취급했는지 총 계약잔액(Gross notional amount)으로 나타낸 그래프이다. 정점을 찍었던 2008년 초에는 150조 달러라는 막대한 액수의 선물 매도를 시행했다. 게다가 이 그래프에서 진한색으로 표시된 기타 시장

[그림5-2] 금과 기타 상품의 파생금융시장에서의 선물, 총 계약잔액

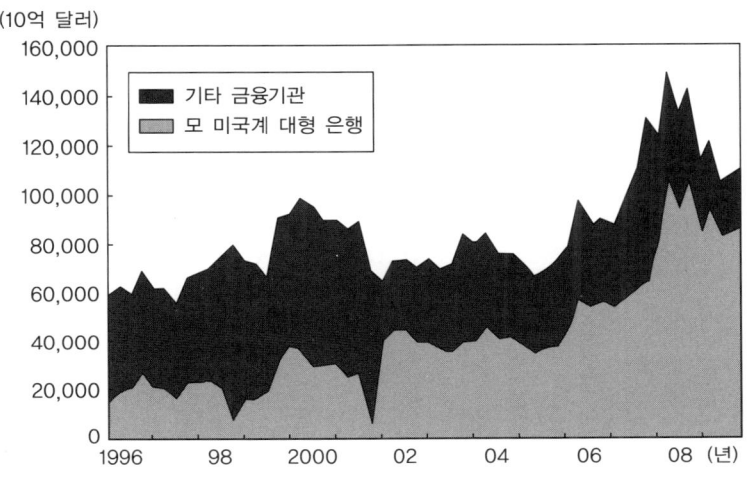

(출처) 블로그 'Jesse's Cafe Americain' 2010년 7월 15일 기사를 바탕으로 작성.

참가자의 파생상품 중 대부분은 단 한 곳의 영국계 은행에서 취급한 것이었다고 한다. 이 정도 규모의 선물 매도를 계속했는데 금가격이 지속적으로 상승했다면 평가손에 그친다 해도 매도를 멈춰야 한다고 인식하는 것이 당연하다.

그러나 이 상위 3개 은행의 금 선물투자 실태를 보면, 눈앞의 정보에 무관심한 채 불쌍하리만치 공매도 포지션을 고집했다. 공매도란 미래의 일정한 시기에 현재의 시가로 금을 팔겠다는 약속을 하는 것이다. 반대로 공매수는 장래에 현재의 시가로 금을 사겠다고 약속하는 것이다. 당연한 말이지만, 공매도를 하는 투자자는 미래에

금가격이 떨어진다고 예상한 것이며, 공매수를 하는 투자자는 미래에 금가격이 오른다고 생각한 것이다.

매도 공세를 펼친 금융기관의 비극

사실 단기적으로 보면 3대 은행도 결코 참담한 실패만 한 것은 아니었다. [그림5-3]을 보기 바란다. 2008년 한 해만 보면 꽤 성공적이었다. 5~6월에 약간의 공매수 포지션을 띠었다가 7월에 공매도로 크게 전환한 것은 그후 4개월만을 봤을 때는 대성공이었다. 금가격이 트로이온스당 950달러에서 750달러로 21퍼센트나 하락했기 때문이다. 결코 금가격 동향을 정확하게 예측하여 성공했던 것은 아니었다. 2008년 7월은 원유가격이 배럴당 147달러로 사상 최고가를 기록했으며, 이대로 180달러, 나아가 200달러도 돌파할 것이라는 이야기가 시장을 지배하던 시기였다. 시장이 이렇게까지 강세가 짙어지면 베테랑 상품트레이더들은 오히려 약세로 돌아선다. 그래서 2008년 7월, 선물시장은 '2008년 7월의 대학살'이라고 부를 만큼 철저히 매도 선행의 전개를 보였다. 요컨대 금 트레이더들도 대세를 따랐다가 운 좋게 성공을 거두었을 뿐이다.

그러나 4개월 이상으로 시야를 넓히면 이것은 매수세력에게 기회를 주는 단기적 가격 하락에 불과했다. 그후 일관되게 선물을 매도한 은행들에게는 엄청난 결과가 기다리고 있었다. 2008년 11월에 일단 트로이온스당 750달러까지 하락한 금가격은 그후 꾸준히 상

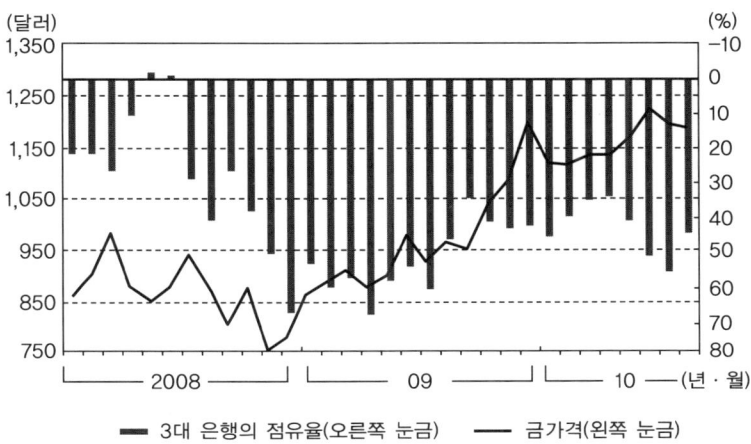

[그림5-3] 금의 순공매도 금액에서 3대 은행이 차지하는 비율과 금가격

■ 3대 은행의 점유율(오른쪽 눈금)   ━ 금가격(왼쪽 눈금)

(출처) Hinde Capital, *Precious Metals ETF Alchemy: GLD – The New CDO in Disguise?* August 12, 2010.

승해, 이듬해인 2009년 12월에는 1,200달러 전후까지 오른 것이다. 안타깝게도 상위 3개 은행은 모두 매도 선행의 자세를 고집하다가 이 참극의 주인공이 되고 말았다. 이 세 은행뿐 아니라 대형 금융기관에 고용된 거래 전문가들 역시 눈앞에 있는 고객의 동향에도 무관심할 뿐만 아니라 장기적인 통계에도 관심이 없었던 듯하다. 그렇지 않다면 장기 통계가 나타내는 뚜렷한 방향성을 거스르고 공매도 포지션을 고집하다가 연전연패하는 일을 저지를 리는 없었을 것이다. 추세가 이렇게 명백함에도 3대 은행은 마치 도박 중독자가 '이번에는 더 크게 걸어서 지금까지 잃은 돈을 되찾자'라고 생각하듯 현물의 뒷받침도 없는 금 선물 매도 포지션을 쌓아올렸다. 그리고 이보다 더 무서운 점은 유럽과 미국을 비롯한 각국의 중앙은행이 이런 대형 금융기관의 자포자기에 가까운 행위를 음으로 양으로 비호해주고 있다는 사실이다.

2008년 초에 정점을 찍은 이후로는 고집 센 3대 은행도 금 선물의 총 계약잔액을 줄인 듯이 보인다. 그러나 이것은 어디까지나 눈속임일 뿐이다. 실제로는 감시가 그리 심하지 않은 외국의 은행을 허수아비로 내세워 금가격이 폭락할 때를 기다리며 아직도 매도 기세를 버리지 않는다는 이야기도 있다. 금 선물시장을 좌지우지하는 1위의 미국계 은행이 자국 내에서 실시하는 금 선물 매도의 총 계약잔액은 감소하고 있지만 비교적 감시가 허술한 외국의 금 선물 매도의 총 계약잔액은 증가하고 있으며, 이 둘을 더한 금액은 계속 증가하고 있다. 왜 감시의 눈을 피하면서까지 지는 도박을 계속 고집하는 것인지, 외부인으로서는 도저히 상상할 수 없는 세계다.

대형 금광회사의 금 선물 매도도 실패로 끝났다

금시장에서 매도를 고집하다 실패를 거듭한 곳은 중앙은행과 금융업계만이 아니다. 놀랍게도 과거 20년 전후에 걸쳐 유럽과 미국의 대형 금광회사들 역시 일제히 금을 선물 매도해왔다. 결과적으로 대형 금광회사는 과거 수년에 걸쳐 일관되게 공급자가 아니라 자신들이 팔아버린 선물의 구멍을 메우기 위해 수요자로서 금 선물시장에서 활동해왔다.

　1981년 1월의 금가격 급등에 따른 소동은 1990년 전후가 되자 거의 잊혀졌다. 대형 금광회사의 경영진도 대부분 교체된 상태였다. 바뀐 경영진은 금가격은 장기간 침체를 벗어나지 못하고 있고, 따라서 가격 하락 속에서 조금이라도 많은 수익을 확보하려면 금을 최대한 빨리 선물로 팔아두는 것이 좋다는 금융업자의 말을 그대로 받아들였다. 그 결과 세계 최대의 금광회사인 배릭 골드(Barrick Gold Corporation)와 앵글로골드 아샨티(AngloGold Ashanti Limited)는 장기간에 걸쳐 대량으로 선물 매도 포지션을 유지했다. 그리고 아주 최근까지는 상당수의 다른 금광회사도 금가격을 비관적으로 보고 장기간에 걸쳐 선물 매도를 계속해왔다.

　이 선택이 얼마나 막대한 피해를 가져다줬는지 살펴보자. 대형 금광회사는 자사의 생산량보다 많은 양의 금을 전년도, 또는 2년 전이나 3년 전의 시가에 선물로 팔아버렸다. 그래서 자사의 금지금 산출량만으로는 당연히 결제량이 부족하므로 그 해의 시가로 시장에서 금을 조달해 고객에게 인도해야 했다. 단순한 추측 외에는 아무런 근거도 없이 내린 판단으로 막대한 손실을 본 것이다. 시야를 20~30년으로 넓게 봤다면 이것이 얼마나 위험한 판단이었는지 금방 알 수 있었을 텐데 말이다.

　1980년대 말부터 2000년대 초반의 금가격 하락기는 유럽과 미국이 현저한 물가 상승세를 보였던 시기와 맞물린다. [그림1-2]

(22쪽)를 다시 살펴보자. 이 시기 미국의 금가격과 인플레이션 움직임을 확인할 수 있다. 당시 지금보다 기반이 튼실했던 미국 경제는 2000년의 IT 버블 붕괴와 같은 위기를 달러 강세로 극복할 수 있었지만, 이후 달러지수가 장기적으로 하락함에 따라 경제기반이 흔들리기 시작했다. 한편 2000년경부터 꿈틀대기 시작한 금가격은 2002~2003년이 되자 안정적인 추이로 상승하는 움직임을 보였다. 이대로라면 갑작스런 가격 폭등으로 1980년 최고가를 기록했던 수준에 이를 것이 예상될 정도다. 이런 금가격의 추이는 지금까지 가격 상승이 부진했으니 앞으로도 부진할 것이라는 어리석은 믿음을 제대로 깨버린 것이라 생각한다.

앞에서도 설명했지만 금가격과 주가의 상관관계라는 부분에서 금가격은 주가에 비하면 아직도 매우 저평가되어 있다. 게다가 1930년대 초반, 1980년, 2008년 이후 등 경기가 바닥칠 때마다 주가는 하락하고 금가격은 상승해왔다. 그것은 제2장에서 다우존스 평균 주가를 금가격으로 나눈 배율을 소개한 바 있으니 다시 살펴보길 바란다.

금시장에서는 조작이 통하지 않는다

전 세계 금 생산자의 금 선물 공매도 포지션 중 약 60~70퍼센트를 혼자서 차지하고 있는 금광회사가 있다. 바로 세계 최대의 금광회사인 배릭이다. 게다가 대부분은 금가격이 트로이온스당 300달러 전후였을 시기에 공매도한 것이라고 한다. 결국 배릭은 30억 달러를 증자하고 610억 달러의 특별손실을 계상해 선물 매도로 손해 본 것들을 청산하자는 결단을 내린다. 놀랍게도 이 결단을 내린 시기는 2009년 9월이나 되어서였다. 또 다른 금광회사 앵글로골드 아샨티도 12억 달러를 조달해 선물 매도 포지션의 청산으로 발생하는 손실을 메우겠다고 발표했다. 배릭보다도 1년이나 늦은 2010년 9월의 일이었다.

결국 금 산업의 중핵을 담당하는 대형 금광회사조차 금가격의 중장기적 전망에 관해서는 초보자 수준의 선견지명도 없었던 셈이다. 최대 수요자 그룹이라고 할 수 있는 중앙은행도, 금 선물시장을 좌지우지하던 대형 은행도, 최대 생산자인 금광회사도 금가격에 관해서는 '한 치 앞도 내다보지 못하는 상태'로 운영을 해온 것이다.

유럽과 미국의 중앙은행과 대형 금광회사, 그리고 대형 금융기관을 운영하는 사람은 일류 대학에서 석사나 박사 학위를 받은 두뇌 명석한 간부 사원들이다. 그런 지적 엘리트 집단이 무명의 개인 투자자나 '대기업의 예측보다 개인 투자자의 감을 믿는' 극소수의 펀드 매니저들과의 투자 경쟁에서 계속 패배해왔다. 세계 각국의 중앙은행, 대형 금광회사, 대형 금융기관이 결탁해 금가격을 억제하려고 음모를 꾸며왔음에도 금시장에서 어떤 호사도 누릴 수 없었다. 개인 투자자를 중심으로 한, 무명의 집단을 거스르며 금가격을 떨어뜨리지 못한 것이다.

음모세력이 실패한 이유 1

그런데 왜 중앙은행과 대형 금광회사, 금융기관은 금가격이 떨어질 것이라고 확신하며 장기간에 걸쳐 실패를 거듭해온 것일까? 그들이 말하는 공식 견해만 보자면 제정신인지 의심될 만큼 유치한 '이론' 탓이었다.

그 이론의 대전제는, 금리나 배당을 받을 수 있는 채권과 주식에 비해 수십 년을 기다려도 금리나 배당을 낳지 못하는 금은 투자대상으로서 열등하다는 것이다. 그리고 아무런 수익도 낳지 않는 금·은 가격이 절대 오르지 않는 것이라는 소전제가 있다. 이에 따라 시장에서 조금이라도 금가격이 오르면 그 가격에 선물로 팔아 미래의 불가피한 가격 하락에 대비해야 한다고 결론지었다.

이 주장의 가장 큰 문제점은 금가격은 변할 수 없다는 소전제에 '화폐 가치가 변하지 않는다'라는 또 하나의 전제가 있어야 한다는 것을 간과했다는 것이다.(또는 고의로 감추려 했다는 것이다.) 화폐 가격이 변하지 않는다면 금가격 또한 변하지 않는 것이 맞다. 하지만 금가격을 잴 때 가장 많이 사용되는 미국 달러의 가치가 계속해서 변해왔는데 금가격이 변하지 않을 리 없다.

[그림5-4]는 1933년 1월을 기준으로 1920~2010년의 90년 동안 미국 달러의 구매력이 어떻게 변화했는지 나타낸 그래프다. 디플레이션이 정점이었던 1933년 이후 미국 달러의 구매력은 지속적으로 하락해왔다. 좀 더 자세히 살펴보면, 브레튼우즈 체제가 발

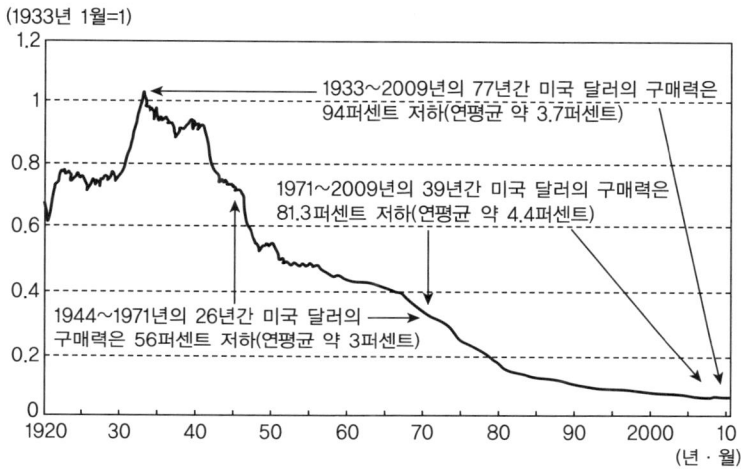

[그림5-4] 미국 1달러의 구매력(1920~2010년)

(출처) 미국 연방정부 노동통계국 데이터를 바탕으로 작성.

족한 1944년부터 금과 미국 달러의 태환 정지를 선언한 1971년까지 약 26년간은 연평균 약 3퍼센트씩 구매력이 저하했다. 그리고 1971~2010년의 39년간은 연평균 약 4.4퍼센트로 구매력 저하가 더욱 가속되었다. 결과적으로 2009년의 1달러는 1933년의 6~7센트 정도의 가치밖에 되지 않았다.

따라서 금에 어떤 실체적인 가치가 있고 그 가치가 손상된 것이 아니라면 금가격은 당연히 올라야 한다. 그리고 해가 갈수록 구매력이 저하되는 미국 달러와는 반대로 금의 구매력은 안정적이다. [그림2-5](61쪽)에서도 확인했듯이, 제2차 세계대전의 혼란에서 벗어난 1947년부터 2010년 중반까지 미국 달러 기준과 금 기준 소비자 물가지수를 비교하면 안정성에서 큰 차이가 난다. 형식적으로나마 금환본위제가 유지되었던 1971년까지는 어느 잣대를 사용하든 물가수준이 거의 동등하게 완만한 상승을 기록했다. 그러나 미국 달러가 아무런 근거도 없는 불환지폐로 바뀐 뒤로는 차이가 크게 벌어졌다. 2010년에 이르러서는 미국 달러 기준으로 본 물가수준이 900퍼센트 가까이 상승했다. 즉 달러 가치가 1947년의 약 9분의 1 수준으로 축소된 셈이다. 그러나 금을 기준으로 한 물가수준은 60~70퍼센트 정도만 하락했다. 즉 똑같은 63년 동안 금의 가치는 1.6~1.7배 상승한 것이다. 이만큼 가치가 오른 금을 '금융 상품인 주제에 금리도 배당도 낳지 않으니 가격이 오를 리가 없다'라고 주장했던 금광회사와 대형 금융기관에게 뭐라고 말할 수 있겠는가. 풍차를 향해 돌진하는 돈키호테를 무슨 수로 말리겠는가.

음모세력이 실패한 이유 2

'금가격이 오를 리가 없다'고 생각했던 것은 각국 중앙은행의 간부들도 마찬가지다. 자신들의 손으로 불환지폐의 가치를 지속적으로 훼손해왔으면서 말이다.

    어설프게 머리가 좋은 사람들은 일단 이론으로 무장한다. 그것이 아무리 진부한 이론이라고 해도 오랫동안 그 이론에 얽매여 현실을 직시하지 못한다. 중앙은행과 대형 금광회사, 대형 금융기관 중

그래도 금광회사는 이전의 실수를 후회하며 매수로 돌아서고 있다. 그러나 중앙은행과 대형 금융기관은 아직도 금리도 배당도 낳지 않는 금은 반드시 값이 하락할 것이라는 결함투성이의 이론을 고집하는 사람이 많은지 행보의 변화가 없다.

그들이 이 이론에 집착하는 가장 큰 이유는 무엇일까? 금이 세계 금융에서 중요한 위치를 차지하면 금융이나 재정 분야에서 딱히 정책 같은 것을 세우지 않아도 알아서 인플레이션이나 디플레이션이 계속되지 않는, 장기적으로 화폐 가치가 유지되는 멋진 세상이 나타나기 때문일 것이다. 그런 세상이 오면 비싼 급여를 받고 사회적 지위도 높은 중앙은행의 간부들과 대형 금융기관의 스타들은 일자리를 잃고 만다. 그래서 지적 엘리트들은 자신의 일자리를 지키고자 금을 국제금융의 무대에서 배제하려고 하며, 끈질기게 금의 선물을 매도해 거액의 손실을 내고 있는 것으로 생각된다.

금 앞에서는 만인이 평등하다

각국의 중앙은행 또는 재정 당국이 독단으로 불환지폐의 발행량을 결정하는 불환지폐제는 '평등'의 관점에서 금본위제와 확연한 차이가 있다. 말도 없고 생각도 하지 않는 금 앞에서는 만인이 평등하지만, 중앙은행 총재나 재정 당국의 고급 관료 앞에서는 만인이 평등하지 않다. 같은 품위의 금을 같은 중량만큼 구입할 때의 가격은 부자든 가난뱅이든 거의 동일하다. 가난한 사람은 다소 비싼 수수료를 내야 할지도 모르지만, '차별'은 그 정도에 그친다.

그러나 중앙은행이나 재정 당국이 통화 유통량을 결정하는 세계에서는 모든 사람이 완전히 평등하지 못하다. 먼저, 금융 결제에 관해 빠삭하고 재무 당국과 중앙은행에 대한 지식을 어느 정도 가지고 있는 사람과 아무런 예비지식이 없는 사람은 중앙은행이나 재무 당국이 던지는 말 한마디를 해석하는 능력에서부터 큰 차이가 날 것이다. 누가 더 빠르고 정확히 해석하느냐에 따라서도 치열한 경쟁이 펼쳐진다. 그러나 발언하는 쪽이나 그 발언을 해석하는 쪽이나 모두 극소수의 지적 엘리트 집단으로 한정되어 있으며, 그들이 있는 범위에서 통화 공급량이라든가 금리수준 같이 중요한 사항이 결정된다.

금본위제의 본질적인 건전성은 통화 공급량이나 금리 같은 중요 사항의 결정권을 극소수의 엘리트 집단이 아니라 인격이 없는 시장 메커니즘에 맡긴다는 데 있다. 어떤 은행이든 합당한 양의 금만 비축하고 있다면 자유롭게 태환지폐를 발행할 수 있도록 하는 것이다. 그리고 태환지폐를 어느 정도 발행할지, 그에 따라 금준비는 얼마나 보유할지는 자유재량에 맡긴다. 다만 금의 비축량과 총대출액의 정보는 반드시 정직하게 공시해야 한다. 그러면 기업이나 개인은 특정 은행이 공시한 준비율에 따라 어느 정도의 금리로 예금을 조달하고, 어느 정도의 금리로 대출을 하는지 알 수 있다.

그러면 버블이 붕괴되었을 때 어떤 은행이 위험하며 어떤 은행이 안전한지 스스로 판단해 예금을 하거나 대출을 받을 것이다. 물론 이런 자유방임형 금융 제도가 기능하려면 투자에 실패한 은행이 어떤 은행이든 그대로 망하게 두어야 한다. 자기자본으로 감당하지 못할 만큼 거액의 손실을 낸 은행은 아무리 규모가 커도 확실히 망한다는 인식이 생기면 무리한 캐리트레이드(Carry Trade)로 자멸하는 은행은 빠르게 도태될 것이다. 여기서 캐리트레이드는 낮은 금리에 빌린 자금을 높은 금리로 운용해 이익을 올리는 것이다.

이와 같이 인격에 의존하지 않는 시장 메커니즘을 바탕으로 한 통화 공급 시스템이 확립되면 가장 곤란한 사람들은 누구일까? 평범한 개인은 아니다. 그들의 얼마 안 되는 예금이 공중으로 날아가 버리는 사태는 거의 일어나지 않을 것이다. 아무리 큰 은행이라도 망할 수 있다는 사실을 안다면 예금을 서너 곳에 분산시키는 정도의 수고를 아까워할 사람은 없을 것이기 때문이다.

금융 제도를 이런 식으로 변혁하면 가장 곤란한 사람들은 '성공하면 이익은 다 내 것, 실패하면 손해는 정부가 국민의 세금으로 메워줄 것'이라고 생각하며 위험한 투자를 하는 대형 금융기관과 전 세계의 중앙은행일 것이다. 그들은 지금까지 이런 식으로 고수익을 확보해왔다. 금융 권력을 쥐고 있는 사람의 얼굴빛을 살피고 발언의 속뜻을 읽으며, 행간에 숨겨진 진의를 추측하는 음습한 행위에 직업적인 자부심을 느끼던 자들이 대량으로 일자리를 잃는 것이다.

지적 엘리트들이 문제다

금시장에는 각종 음모론이 있으며, 단편적으로는 그런 음모가 실제로 존재한다는 증거도 있다. 금은 음모세력에게 도구가 되기 쉬운 자산이라며 금 투자나 금본위제를 거부하는 경우도 있다. 그러나 이런 음모는 수급이 투명한 금시장의 특성상 불가능한 일이다.

앞서 말했듯이 아무런 말도, 생각도 하지 않는 금 앞에서 만인은 평등하다. 금에 대한 수요가 매우 광범위한 지역에서, 다양한 발전단계의 경제에서 고루 존재한다. 금은 녹여서 다시 재사용할 수 있기 때문에 잠재 공급량이 방대하다고 할 수 있다. 그래서 하찮은 음모는 애초에 성공할 수가 없다. 우리가 정말 경계해야 할 것은 귀금속본위제와 디플레이션을 혐오하고 불환지폐제와 만성 인플레이션을 바라는 지적 엘리트들의 공동 모의일 것이다. 안타깝게도 이미 유럽과 미국에서는 불환지폐제와 만성 인플레이션으로 영원히 달콤한 꿀을 빨아먹으려는 지적 엘리트들이 사회 우위를 차지했다.

우수한 관료, 우수한 금융인, 우수한 대기업이 의사결정을 독점하는 것이야말로 경제번영이라고 믿는 지적 엘리트가 대중을 쥐고 흔드는 사회를 만들기 위해 공모한다면, 그리고 정말 엘리트들이 사회 우위를 차지하는 일이 각국에서도 벌어진다면 이것은 정말 큰일이다. 그렇게 되면 적지 않은 경제성장국들이 빈부격차가 큰 사회가 돼버릴 것이다. 강대한 권력과 높은 사회적 지위, 넉넉한 보수를 극소수의 엘리트가 독점하고 일반 대중은 평생 '기타 등등'으로 살아가는 나라가 될 것이다.

선진국 가운데 일본만이 10년 이상 디플레이션을 경험했고, 그것을 체념으로 받아들이면서 디플레이션이 실물경제의 축소로 이어지지 않음을 몸소 보여줬다. 현직 중앙은행 총재는 '중앙은행에는 금리와 통화 공급을 통제할 능력이 없다'고 과장 없는 진실을 당당하게 공언했다. 또 지금까지 40년에 불과하기는 하지만 일본은 엔화 강세에도 무역수지와 경상수지를 석유 파동기였던 2년을 제외하고 거의 일관되게 흑자를 유지하고 있다. 이것은 일본 대중이 어떤 산업 분야에서든 걸리버형 과점을 용납하지 않아, 여러 과점 기업들이 치열한 경쟁 상태에 놓였기 때문에 가능한 일이었다.

일본은 엘리트의 지적 수준이 대중과 거의 차이가 없거나 오히려 대중보다 떨어지는 나라다. 그런 일본에서는 경제 동향을 시장 메커니즘이 향하는 대로 맡기고 대중의 자주적 판단을 존중하는 진짜 자유시장경제가 유지되고 있다. 한편, 말로는 시장 메커니즘에 온갖 찬사를 아끼지 않는 유럽과 미국의 경제는 하루가 다르게 국가사회주의 경제·재정으로 변질되고 있다. 그것도 노동 대중이 아니라 극소수 부호들의 생활과 권리를 지키는 국가사회주의 말이다.

엘리트들이 운영하는 미국과 유럽 각국의 경제가 풍요로울지, 대중이 이끄는 일본 경제가 더 풍요로울지 5년 뒤에는 알 수 없을 것이다. 그러나 10년, 20년 뒤에는 어느 쪽이 더 건전한 경제인지 명백해질 것이다.

6장

CRISIS GOLD

세계 경제와 금 투자

안전자산으로서 금을 선호하는 경향이 점차 강해지고 있다. 세계 각국에서 '황금 환상'이라고 해도 좋을 만큼 금에 강한 집착을 보이고 있는데, 유달리 일본만은 귀금속에 전혀 관심을 보이지 않는다.

런던의 국제금융서비스협회의 추계에 따르면, 2003년에 불과 연간 5조 달러였던 세계의 금 거래량은 2008년에 20조 2,000억 달러로 사상 최고액을 기록했다. 위기일수록 귀금속 시장에서 유일하게 유동성이 높은 대형 종목, 금가격이 상승한다는 법칙이 이번에도 입증되었다고 할 수 있다. 국제적인 경제 정세·금융 정세에 밝은 유럽의 부유층들은 자산 포트폴리오에서 금의 비율을 높이고 있다. 그러나 천성적으로 위기라든가 비상시에 대한 경제 인식이 안일한 일본인은 정부의 금 준비량이든 민간의 보유량이든 금 비축에서 상당히 뒤처진 상태다.

그러나 이와 같이 금에 대해 집착하지 않는 일본인의 특성이 앞으로 세계 경제에서 일본의 위치를 떨어뜨리거나 위태롭게 하지 않을 거라고 생각한다. 물론 일본인이 금의 가치에 눈을 떠 당장이라도 금을 모으기 시작한다면 틀림없이 좋은 일이라고 생각한다. 다만 그런 선구적인 사람들이 있는 한편, 전체적으로는 합당한 수준에서 정착될 것이라고 여기는 사람들도 있는 것이 가장 좋은 형태라고 믿고 있다.

금을 향한 집착은 인류의 전통

다른 나라와 교류를 위해 사신을 파견하던 7세기부터 최근까지 일본은 금이나 은이 필요한 물건을 사기 위해 필요한 도구라고만 생각했다. 일본은 애써 금을 축적하지 않아도 경제가 원활했고 풍요로웠던 이상(理想)의 나라였다. 그러나 지금은 그런 이상향의 행운이 계속되지 않을 것이라는 말이 여기저기에서 나오고 있다.

나는 일본 경제가 이렇게까지 성공할 수 있었던 이유 중 하나가 금에 대한 생각이 다른 나라들과 달랐기 때문이라고 생각한다. 전 세계 거의 모든 나라가 금지금을 축적해야 부를 축적할 수 있다고 생각하는 반면 일본은 그런 고정관념이 없었다.

지리적으로 고립되어 있던 일본은 평화로운 시대가 길었다. 혁명이나 동란으로 부자가 옷 한 벌 못 챙겨입고 한밤중에 도주하거나, 성주의 눈을 피해 돈이나 금을 은닉하는 일이 거의 모든 나라에서 벌어졌다면 일본은 그런 경험이 없다. 선사시대부터 현대까지 견고한 성벽 없이도 도시가 평화롭게 운영되었다. 유라시아 대륙에서 그레이트브리튼 섬에 이르기까지, 문명이 계승되어온 대부분의 지역은 언제 야만족에게 정복될지 알 수 없는 위험한 장소였다. 그래서 높은 성벽을 쌓고 자신들의 풍요로운 생활을 보호하고자 했다. 하지만 그런 성곽 도시의 성주들은 주민들을 보호한다는 명목 하에 세금을 바치도록 주문했다. 주민들은 생활하는 데 필요한 물자와 최소한의 장사 밑천을 제외하고 수입의 나머지 전부를 세금으로 바쳐야 했다. 주민들은 그런 영주의 눈을 피해 금, 은, 보석 등을 은폐하는 수밖에 없었다. 그렇지 않고서는 본원적 축적을 할 수단이 없었기 때문이다. 그래서 영주도 주민도 금에 크게 집착했다. 그 집착이 어느 정도인지는 오래 전부터 전해 내려오는 이야기를 통해 짐작해볼 수 있다.

예를 들어 16·17세기경, 남인도에서는 왕이 바뀔 때마다 왕가가 귀의한 종교단체에 새로운 왕의 몸무게만큼 금을 기부하는 관습이 있었다고 한다. 한 대(代)에 한 번뿐이라고는 하지만 그렇게 많은 금을 아낌없이 기부했다는 것은 왕가가 그보다 수 배 혹은 수십 배의 금을 쌓아두고 있었다는 의미일 것이다. 게다가 『세계의 역사 14 – 무굴 제국에서 영국령 인도로』라는 책에 따르면, 11세기 초반에 출라 왕조를 수립한 라자라자 1세(Raja Raja Chola I)는 브리하디스바라 사원에 황금 250킬로그램과 은 300킬로그램 등을 기부했다는 기록이 있다. 남인도는 지금도 가난한 사람이 많은 지역인데, 그런 곳에서 엄청난 양의 금을 민중으로부터 수탈할 수 있었다는 것이다. 1,000년 전이고, 지금보다 상당히 낮은 생산력 수준이라는 것을 감안하면 왕가도 종교단체도 민중도 얼마나 금에 집착했는지 짐작해볼 수 있다.

또 세계해전 사상 3대 이변 중 하나로 알려진 레판토 해전(1571)에서 압도적으로 강력한 힘을 자랑하던 오스만투르크 제국 중심의 이슬람교국 연합 함대가 크리스트교 연합 함대에 패배했을 때 있었던 일이다. 크리스트교국 함대가 이슬람 해군의 기함을 나포해 배 안을 살펴보았다. 그 결과 금화 15만 닢 정도가 들어 있는 보물상자가 발견되었다. 그것은 술탄의 가까운 인척이자 중신으로 이 해전을 총지휘하다 전사한 무에젠자데 알리 파샤(Muezzenzade Ali Pasha)라는 이슬람군 제독의 것이었다. 파샤가 어렴풋이 패전을 예감했던 것일까? 패전한다면 책임 추궁을 피할 수 없을 것이고 그렇다면 어디론가 망명해야 할 것이라고 생각했을지 모른다. 아니면 이겨서 고국으로 돌아가게 되더라도 집에 남겨놓은 금은 술탄에게 몰수당할지도 모른다는 불안감을 느꼈던 것인지도. 어쨌든 오스만트루크 제국에서도 손가락에 꼽히는 중신이 사느냐 죽느냐 결정하는 전쟁터에서 자신이 모아온 금화를 가지고 출전했다는 사실은 유라시아 문명권이 얼마나 금에 집착했는지 잘 말해준다.

이런 옛이야기만으로는 이해가 잘 되지 않는 사람에게는 최신 정보가 있다. 2011년 초, 오랫동안 튀니지에서 독재정치를 하던 벤 알리 전 대통령(Zine El Abidine Ben Ali)이 마침내 실각해 해외로 망명했다. 이때 벤 알리의 부인은 금괴 1.5톤을 튀니지 국경 밖으로 반출했는데, 1.5톤이라고 하면 시가로 약 60억 엔이다. 한편 튀니지 정변으로 인한 경제적 비용이 1,700억 엔에 이른다는 신문 보도도 있었다. 이 경제 비용의 주된 항목은 주택, 사무실, 공장, 기물의 파손과 폭동으로 발생한 인적자원의 손실, 경제활동 전반의 정체와 중단, 무역결제의 지연과 취소 등일 것이다. 60억 엔이라면 그 총비용의 약 3.5퍼센트밖에 안 되는 별 것 아니라고 생각할지, 한 가족이 수십 년은 호화롭게 살 수 있는 금액이니 엄청난 액수라고 생각할지는 사람마다 다를 것이다. 어쨌든, 다른 것도 아니고 금을 대량으로 빼돌렸다는 것은 그만큼 금이 무국적 통화로, 축적의 수단으로 가치가 있다는 뜻일 것이다.

금에 대한 집착이 없는 일본

성곽 도시가 발달하지 않았던 일본에는 이처럼 금에 대한 집착을 보여주는 일화가 거의 없다. 오히려 반대로 일본인은 옛날부터 외국의 보기 드문 문물을 열광적으로 사들였으며, 그 대금을 금·은지금으로 결제했다. 즉 메이지유신 무렵까지 일본의 무역수지는 항상 수입 초과였으며, 그 차액을 메우기 위해 금·은·동을 외국으로 유출했던 것이다.

7세기 무렵부터 일본은 중국 황제에게 조공을 바쳤다. 중국 황제는 조공을 받으면 반드시 그 이상의 물품들을 하사하곤 했다. 그 하사품을 실은 배에는 민간상인이나 승무원이 사적으로 거래를 하기 위한 물품도 실려 있었으며, 일본인들은 그런 물품들을 경쟁적으로, 엄청난 고가에 사들였다고 한다.

또한 일본 조정은 불교 공부를 위해 해외로 파견한 학승(學僧)에게 생활비와 학비로 매우 고액의 금을 줬다는 기록이 남아 있다. 다음을 보라.

10세기에 최초의 입당승(入唐僧, 당나라로 유학을 떠난 승려–옮긴이)인 간켄(寬建)은 (중략) 합계 150소량(50냥)의 금을 받은 셈이다. (후략)

헤이안 시대의 조정은 오로지 미치노쿠(陸奧, 지금의 이와테, 후쿠시마, 미야기, 아오모리와 아키타의 일부를 가리키는 옛 지명–옮긴이)의 공납을 통해 금을 획득했는데, 10세기 초엽까지의 공납액은 연간 350냥이었다.

— 에노모토 와타루, 「승려와 해상들의 동중국해」, 94페이지

학승에게 준 금은 헤이안 조정이 매년 공납 받는 금의 7분의 1 수준이었다. 황족도, 귀족도 아닌 평범한 학승에게 생활비 겸 학비로 많은 양의 금을 지급한 것이다. 일본은 오래 전부터 금을 모아야 한다는 발상 자체가 희박했던 것 같다.

또 11세기 말, 14세기 중반의 가마쿠라 시대에 몽골 침략이 두

차례로 끝난 것은 어떻게 보면 금·은지금에 집착하지 않는 일본의 자세가 한몫했던 것인지도 모른다. 당시 일본은 원나라 시대의 중화제국에 해당하는 남송의 무역 단골손님이었다. 송나라와의 무역에서 상당량의 금·은지금이 일본에서 중국으로 유출되었다. 그러나 얼마 후 원나라에 의해 남송은 멸망한다. 원나라 시조인 쿠빌라이 칸(1215~1294)은 매우 합리적인 생각을 하는 사람이었다. 일본을 억지로 점령하지 않더라도 무역 상대국으로 남송에게 그랬던 것처럼 금·은지금을 중국에 유출해준다면 그것으로 충분하다고 생각했던 것 같다. 일본은 남송 무역과 마찬가지로 원나라 무역에서 결제를 금·은으로 했고, 이후 몽골 침략은 더 이상 없었다.

이렇게 보면 일본이 '황금의 섬, 지팡구'라고 불리웠던 것은 일본의 금·은 산출량이 특별히 많아서가 아닐 것이다. 일본이 몇몇 무역상대국에게 아낌없이 금·은지금을 대금으로 지급하는 바람에 '이렇게 대금을 아낌없이 금으로 지급해주는 일본은 틀림없이 이보다 훨씬 많은 금·은을 쌓아 놓았을 것'이라는 생각 때문일 것이다.

그러나 실상은 정반대였다. 역사적으로 다른 지배자들에 비해 금에 강한 집착을 보였던 도요토미 히데요시(豊臣秀吉, 1539~1598)조차도 다른 나라와 비교하면 금에 '집착'이라 말하기 부끄러운 정도였다. 그가 지시해서 만들었다는 거대 황금불상이 사실 나무로 만든 틀에 회반죽을 발라 형태를 잡고 그 위에 금박을 붙인, 저비용의 겉만 번지르르한 불상이라는 것을 알면 말이다.

또 17~18세기 막부 시대의 쇄국정책은 아시아에서는 조선, 유럽에서는 네덜란드와 파트너십을 맺은 엄중한 관리무역이었다. 이 관리무역은 매우 장기간에 걸쳐 지속됐는데, 그 이유는 조선과 네덜란드에게 일본은 아주 쏠쏠한 무역상대국이었기 때문이다. 조선이나 네덜란드가 중국, 인도에서 조달한 문물을 일본은 비싸게 구입했고, 또 수입초과분을 금·은지금으로 결제했다. 특히 네덜란드가 일본과의 무역 독점권을 필사적으로 지켰기 때문에 네덜란드의 국력과 해군력이 강대하던 시절에는 유럽 열강이나 미국의 함선이 일본 근해에 거의 접근하지 못했다.

금을 대하는 일본의 자세와 그 효과

앞에서 살펴본 대로 일본의 지배자들은 금·은지금에 대해 집착이 약하다. 하지만 나는 이런 점이 훗날 정말로 금본위제가 재건될 때, 일본이 경제우위를 차지하게 만드는 요인이라고 생각한다. 금본위제의 본질은 금을 특별 취급하지 않고 아주 평범한 교환·무역 도구로 사용하는 것이다. 즉 금이 싸다고 생각하면 금을 사고, 금이 비싸다고 생각하면 금을 판다. 결코 금준비량의 증가를 지상과제로 삼지 않는 나라가 금본위제를 가장 효과적으로 이용하는 나라가 된다는 말이다. 유라시아 문명권에서 '금의 축적이야말로 부의 상징'이라는 고정관념이 강하게 각인된 나라들은 대부분 이런 자세를 취하지 못할 것이다. 전성기의 영광만을 떠올리며 무리한 금 평가를 유지했던 영국이 좋은 예다.

　그러나 일본은 정반대다. 외국 문물을 손에 넣을 수 있다면 금·은지금을 외국에 유출하는 것 정도는 감수할 수 있다는 태도로 무역에 임해왔다. 그리고 이 자세는 때때로 일본을 매우 불리하게 만들기도 했다. 그 예로 19세기 막부 말기부터 메이지 유신기까지 금 유출이 한층 가속되었던 일화를 들 수 있다. 이때의 국제 금·은 가격배율은 15 정도였는데 일본은 5를 고집했기 때문에 외국에서 일본으로 은을 가져와 금으로 바꾼 다음, 다시 외국에서 환금해 엄청난 이익을 올리는 외국인 상인들이 많았다. 다만 실제로는 메이지유신으로 개항한 이후에는 6.4였던 일본의 금·은 가격배율이 18.9까지 급등하며 국제시장과의 차이를 급속히 좁혀나갔다.

　어쨌든, 장기간의 관리무역 속에서도 일본이 외국 문물에 지속적으로 높은 관심을 보이고 '외국 문물은 싸고 금·은은 비싸다'는 직감에서 외국의 수입품을 마구 사들이던 자세 자체는 분명히 올발랐다고 생각한다. 인도나 중국에서는 왕후귀족이나 큰 부자들만의 장난감에 그쳤던 유럽의 공업제품들이 일본에서는 중간층에게까지 골고루 전달되어 서민도 그 우수성을 직접 체험할 기회가 많았기 때문이다. 그 결과 일본에서는 매우 원활하게 수입대체품 산업이 속속 발생·부흥했으며, 일시적인 수입 초과를 만회하고도 남을 만큼의 경제 성장을 이룩할 수 있었다.

　한편 영국의 식민지가 되어 당시의 수공업으로서는 최고 수준의 발전을 이룩했던 인도는 면방적·면직물 공업을 종주국인 영국에게 괴멸당하기 전까지 유럽과의 무역에서 항상 수출 초과였다. 그리고 그 차액은 은으로 받고 있었다. 또 중국 역시 유럽과의 무역은 흑자였고, 은이 유입되는 쪽이었다. 면 공업이 괴멸된 후 인도에서 아편이 들어오기 전까지는 말이다. 어쨌든 인도와 중국 모두 유럽 열강을 상대로 무역수지가 항상 수출 초과라는 것이 식민지화의 위기를 초래함을 알고 있었다. 그러나 결국 중간층을 성장시키지 못했고 군사적으로 패배한 후에는 식민지화, 반식민지화의 길을 걸었다. 이렇게 보면 유럽과의 무역에서 항상 적자였던 일본은 그 차액을 결제하고자 금·은지금을 유출했던 것이 본의 아니게 확실성 높은 안전 보장 정책을 실시한 셈이었다. 외국 문물을 살 수 있다면 금·은은 아깝지 않다는 생각에서 수입 초과를 지속한 것이 나라의 독립을 유지하면서 경제발전의 가속화를 실현한 셈이다. 이것은 국제 무역·금융의 무대에서 현재 일본이 직면하고 있는 과제에도 커다란 힌트를 준다고 생각한다.

엔화 가치는 지속적으로 상승했다

세계 각국에서 안전자산으로서 금을 선호하는 경향이 강해지고 있다. 그 가운데 일본은 나와는 상관없는 일이라는 태도를 일관하고 있다. 그래서 앞으로 장기간에 걸쳐 가치 감소가 우려되는 미국 달러가 외환보유고에서 차지하는 비중이 압도적으로 높음에도 국내에서 외환보유고의 화폐 구성을 어떻게 해야 하는지에 관한 논의조차 없다. 아니, 오히려 1980년대 초반에 비싼 값을 주고 샀다가 가격이 떨어지는 바람에 처분하지 못하고 계속 묵혀뒀던 금을 최근에 가격이 급상승하자 처분하고 있다. 장식품 수요와 투자용 수요를 합친 금의 대외 유입·유출 통계를 보면 2007~2010년 중 3년이 유출 초과였다.

하지만 이런 일본 정부의 태도는 향후 국제금융시장의 동향에 지나치게 무관심하다거나, 단순한 태평함이라고 단정짓기는 곤란하다. 어떤 의미에서는 엔화 강세를 그대로 반영한 현상이기 때문이다. 현재 일본 엔화는 세계에서 금과 맞먹는 수준으로 가치가 오른 거의 유일한 통화다. [그림6-1]은 1971년 1월을 기준으로 엔 표시 금가격과 달러 표시 금가격의 추이를 나타낸 그래프다. 2010년의 달러 기준 금가격은 트로이온스당 1,270달러로 이전까지 사상 최고 기록이었던 1980년의 평균 가격 613달러의 두 배가 넘으며, 1980년의 순간 최고가였던 850달러와 비교해도 약 67퍼센트나 상승했다. 한편 30~40년에 걸쳐 미국 달러에 대해 일관되게 가치가 상승해온 통화는 엔화밖에 없다. 그리고 엔화 이외의 거의 모든 통화를 기준으로 한 금가격은 1980년대 초반의 과거 최고가를 크게 돌파했다. 그런데 엔화를 기준으로 한 1그램당 금가격은 2010년 12월말에 약 3,800엔을 기록했다. 이것은 연간 평균으로 최고가였던 1980년의 4,499엔과 비교하면 84퍼센트에 불과하며, 1980년에

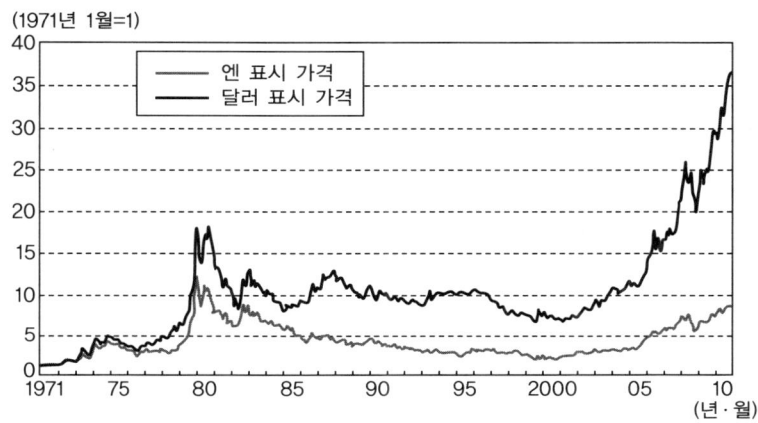

[그림6-1] 엔 표시 금가격과 달러 표시 금가격(1971~2010년)

(출처) World Gold Council의 데이터를 바탕으로 작성.

기록한 순간 최고가 6,496엔과 비교할 때는 불과 58퍼센트밖에 되지 않는다. 즉 1980년부터 30년 동안으로 한정하면 일본인이 금을 사지 않고 엔화를 가지고 있었던 것은 올바른 선택이었던 셈이다.

게다가 1970년대 초반부터 약 40년 동안의 엔·달러 환율을 보면, 스미소니언 합의(1971년 12월 워싱턴 스미소니언 박물관에서 열린 10개국 재무장관회의. 국제 통화에 관한 일련의 조치를 합의했다.) 당시 1달러당 308엔이었던 환율은 현재 80엔 전후가 되었다. 엔을 기준으로 본 달러 가치는 3분의 1 미만으로 떨어졌고, 반대로 달러를 중심으로 본 엔화 가치는 3배 이상 오른 셈이다. 달러 가치(구매력)가 과거 40년 동안 거의 정확히 3분이 1이 되었음을 생각하면 엔화 가치는 같은 기간 동안 전혀 훼손되지 않고 오히려 조금이나마 상승한 것이다.

전 세계 어디를 가든 지금 금을 사려면 1980년 1월에 기록했던 과거 최고가보다 비싼 가격에 사야 한다. 그러나 일본 엔화를 가지고 있는 사람은 지금도 1980년 초반보다 훨씬 저렴한 가격에 금을 살 수 있다. 물론 지금보다 금가격이 쌌을 때 샀다면 더 유리한 조건에 살 수 있었겠지만, 이것은 어디까지나 '가정'일 뿐 이제 와서 시간을 되돌릴 수는 없는 일이다. 어쨌든 지금 금을 사려면 다른 화폐로는 사상 최고가에 가까운 금액을 줘야 하지만 일본 엔화로는 사상 최고가보다 훨씬 낮은 가격에 금을 살 수 있다.

일본은 어떻게 미국과 유럽에 비해 금융 위기를 잘 넘겼을까

앞으로 당분간은 혼란스러운 사회·경제 정세가 계속될 것이다. 이런 정세 속에서는 금이 어떤 불환지폐보다 구매력을 안정적으로 유지한다는 것은 역사가 여러 차례 실증한 바 있다. 결국 세계 각국의 불환지폐 가치의 원천은 정부나 중앙은행의 구두 약속밖에 없으며 세상이 극도로 혼란해지면 정부나 중앙은행의 구두 약속도 얼마나 부질없는지 경험을 통해 배워왔다.

세계의 온갖 통화가 인플레이션에 따른 가치 훼손으로 과거의 구매력을 유지하지 못하는 가운데 엔화만큼은 국내에서 생산되는 물건이나 서비스 전반에 대한 구매력을 거의 동일하게 유지해왔다.

그리고 최근 40년 동안 소비자 물가상승률에 뒤처졌던 금에 대해서도 엔화의 구매력은 상승해왔다. 당연하지만 외국에서 생산된 물건이나 서비스에 대한 엔화의 구매력은 엔화 강세가 진행되는 만큼 상승하고 있다.

이러한 결과를 부른 요인은 크게 나눠서 세 가지로 정리할 수 있을 것이다.

① 엔화 강세에도 경상수지 흑자를 지속적으로 확보해온 일본의 민간 기업, 특히 제조 기업의 기술 혁신력이 지금도 건재하다.
② 일본의 기업은 역사가 깊은 대기업도 과거의 본업이 사양길에 접어들면 주저 없이 신규 분야를 개척해 새로운 본업으로 육성하는 조직적인 자기 혁신력을 유지하고 있다.
③ 정부와 재무성, 그리고 대다수의 경제학자가 빚의 실질 부담을 줄이기 위한 인플레이션 정책을 집요하게 요구해왔음에도 통화 공급을 무작정 확대하지 않았던 일본은행의 책임감 있는 태도도 화폐 가치의 유지에 공헌해왔다.

일본이 미국과 유럽 각국들보다 현재의 금융 위기를 훨씬 잘 헤쳐나가고 있음은 틀림없는 사실이다. 이것은 선진국들의 실업률을 비교해보면 명백히 알 수 있다. 일본의 실업률은 최악이었던 시기에도 6퍼센트 미만에 머물렀지만, 미국을 비롯하여 유럽 각국을 살펴보면 네덜란드의 약 3.5퍼센트와 오스트레일리아의 약 6퍼센트를 제외하면 비교적 양호한 편인 독일도 한때 약 12퍼센트까지 상승했다가 간신히 7퍼센트까지 낮추었으며 영국과 프랑스도 약 8퍼센트에서 두 자릿수의 실업률을 기록하고 있다. 미국은 1990년대 말에 아주 잠깐 일본의 실업률을 밑돌긴 했지만, 리먼 쇼크 이후에는 거의 일관되게 8~10퍼센트의 높은 실업률이 계속되고 있다.

일본에서는 미국과 유럽의 정부·중앙은행이 실시한 무조건적인 통화 공급 확대 정책이 실효를 거뒀다는 주장이 아직도 위세를 떨치고 있다. '만약 서브프라임 모지기 사태가 그렇게 안 좋은 시기에 터지지만 않았다면' '정부 부문이 확대한 저금리 융자가 중·동유럽의 위험성 높은 국채시장으로 몰려들지 않았다면' 잘 풀렸을 것이라고 말하면서 말이다. 그러나 이는 잘못된 정책의 당연한 귀결을 수준 낮은 논리로 가장한 주장일 뿐이다.

실수를 분석하기 시작한 미국과 유럽

그래도 미국과 유럽에서는 자신들이 저지른 잘못을 좀 더 논리적으로 분석하려는 움직임이 활발하다. 그 상징이라고도 할 수 있는 것이 The Institute of International Finance라는 민간 금융 조사기관이 발행하는 「Global Economic Monitor」라는 정기간행물이다. 이 기관지의 2010년 6·7월 합병호에는 [그림6-2]와 [그림6-3]의 그래프가 실려 있다. 이것을 보면 일본이 앞으로 확충해야 하는 금융기관의 자기자본금과 장기 부채금이 유로권 또는 미국에 비해

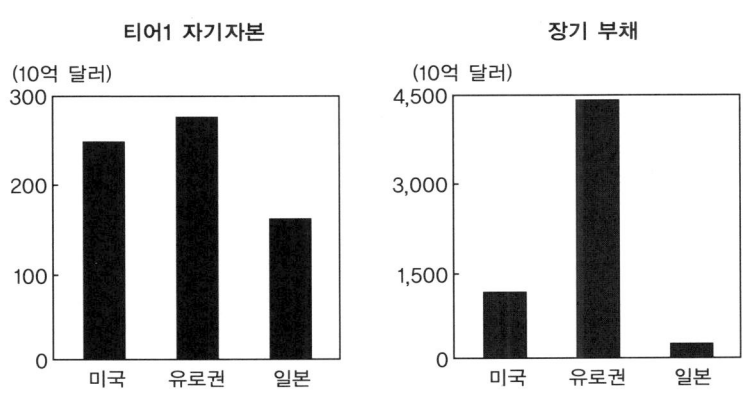

[그림6-2] 2010~2015년에 필요할 것으로 예상되는 자금 수요

(출처) 블로그 'The Big Picture' 2010년 7월 10일 기사를 바탕으로 작성.

훨씬 낮음을 알 수 있다. 그래프에 나온 티어1은 가장 확실성이 높고 의지할 수 있는 자본(Tier1: 기본자본, 금융기관의 자본금과 자본준비금, 이익잉여금 등)을 가리킨다. 그리고 향후 10년간의 실질 GDP 감소율도 일본은 최소한에 머물 것이라고 예측했다. 현재의 금융시장의 붕괴 상황을 보면 세계의 3대 경제권에서 2020년 정도까지 실질 GDP의 마이너스 성장이 계속될 것이라는 예측은 너무도 당연하다. 사상 최대의 부동산 거품 붕괴가 초읽기에 들어간 중국이 세계 경제의 회복을 견인할 가능성도 거의 없어 보인다.

현재 상황에서 최선의 길은 국민 경제로서는 매우 어려운 환경이 앞으로 5~6년, 최악의 경우는 10~15년은 계속될 것을 각오하고 그런 상황에서도 건전한 경제를 유지해 GDP의 감소를 최소한으로

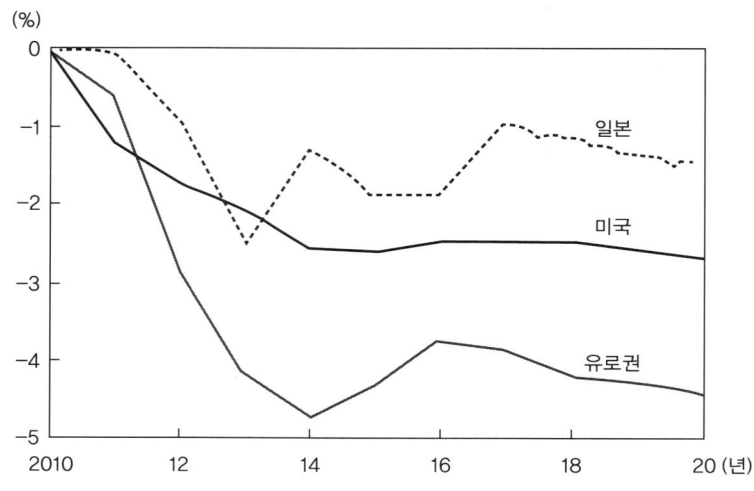

[그림6-3] G3의 실질 GDP 성장률 예측(2010~2020년)

(출처) 블로그 'The Big Picture' 2010년 7월 10일 기사를 바탕으로 작성.

억제하는 것이다. 그리고 가계 자산을 어떻게 늘리느냐보다 얼마나 안전하게 자산 가치를 유지·보전할 수 있느냐에 중점을 둬야 한다. 이를 위해서는 과거 40년간에 걸쳐 가치를 지켜온 엔화와 향후 10~20년에 걸쳐 높은 가격 수준을 유지하거나 신고가를 기록할 가능성이 높은 금을 어떻게 배분하느냐가 결정적으로 중요하다.

금준비를 늘리는 나라들

이번에는 2007년부터 2010년 6월까지 어떤 나라가 금준비를 늘려왔는지 살펴보도록 하자. [표6-1]에 등장하는 나라는 '금융 위기의

[표6-1] 2007년~2010년 6월의 금준비 증가율 상위 20개국

순위	국명	2007년부터의 증가율(%)	순위	국명	2007년부터의 증가율(%)
1	멕시코	126.5	11	필리핀	17.0
2	사우디아라비아	125.9	12	대한민국	10.9
3	모리셔스	103.9	13	세르비아	10.3
4	중국	75.7	14	카자흐스탄	8.2
5	타지키스탄	75.2	15	우크라이나	7.8
6	러시아	65.8	16	스리랑카	2.1
7	수리남	58.8	17	베네수엘라	2.0
8	인도	55.9	18	우루과이	0.7
9	카타르	48.6	19	리투아니아	0.6
10	벨라루스(백러시아)	42.4	20	남아프리카	0.6

(출처) World Gold Council의 데이터를 바탕으로 작성.

시대'로 돌입할 것임을 감지하고 이 기간 동안 금준비를 늘린 상위 20개국이다. 1위부터 10위까지의 금준비 증가율이 특히 높았는데, 나라들을 찬찬히 살펴보면 몇 가지 사실을 발견할 수 있다.

다민족·다언어 제국의 중심지로서 강대한 제국을 구축했으면서도 혁명과 폭동, 이민족의 침략과 정복, 혹은 이민족 간의 무력 싸움이 빈번히 일어난 중국, 러시아, 인도 같은 나라가 순위에 이름을 올렸다. 또 반대로 강국의 문화적, 경제적, 외교적 압력에 항상 노출되어온 주변 약소국들도 보인다. 그리고 또 하나의 그룹은 자신들과는 상관없는 곳에서 벌어진 전쟁의 결과로 자신들을 지배하는 '주인'이 끊임없이 바뀌었던 경험을 한 구식민지 국가로, 수많은 섬들로 구성된 인도양의 모리셔스와 남아메리카의 카리브 연안에 위

치한 수리남이 이 그룹에 해당된다.

모리셔스는 거대한 섬나라 마다가스카르와는 달리 정말로 작은 섬들로 구성되어 있다. 그러나 인도네시아나 인도와의 교역에 중요한 위치라는 지리적 요인이 화를 불러, 16세기 이후 유럽 열강의 식민지 쟁탈전의 희생양이 되었다. 1505년에 포르투갈인에게 '발견'된 이래 네덜란드, 독일, 프랑스, 영국 등 지배자가 정신없이 바뀌었다. 아시아와 아프리카, 남아메리카를 둘러봐도 이렇게 지배자가 많이 바뀐 식민지는 모리셔스 정도밖에 없을 것이다.

남아메리카의 수리남도 매우 복잡한 식민지 쟁탈전의 희생양이 되어온 나라다. 원래 인근 일대가 스페인의 식민지였던 곳에 영국, 네덜란드, 프랑스 등 근대화에 성공한 나라들이 억지로 끼어들어 국경 분쟁이 벌어졌다. 결국 영국과의 전쟁에서 불리해진 네덜란드는 뉴암스테르담(훗날의 뉴욕)을 영국에게 양보하고 수리남을 영국으로부터 양도받는다는 교섭에 합의했다. 그리고 남북아메리카 대륙 통치의 근거지로써 수리남을 유지했다. 수리남은 바로 서쪽에는 오랫동안 영국의 식민지였던 가이아나가 있고, 바로 동쪽에는 프랑스의 남아메리카 대륙 최대 거점인 프랑스령 기아나가 있으며, 남쪽에는 포르투갈의 식민지였던 브라질이 있었다. 수리남은 유럽 열강의 남아메리카 식민지 지배의 축소판이라고 할 수 있는 나라다.

사우디아라비아는 지상 최대의 산유국이라는 점도 있어 지금은 확고한 중동 대국으로 자리매김했다. 그러나 사막의 무장 호족 중

하나에 불과했던 사우드 왕가가 영국과 미국의 집요한 방해 공작을 물리치고 아라비아 반도의 대부분을 무력 통일하기 전까지는 유럽 열강이 배후에서 조종하는 대로 움직였던, 매우 불안정한 정권이 지배하던 지역이었다.

이런 나라들에서는 '위기가 오면 금'이라는 발상이 거의 본능적인 조건반사로 각인되었을 것이다. 정치, 외교, 군사적으로 가혹한 환경에 노출되어온 나라일수록 금융 위기의 징후가 나타나면 즉시 금준비량을 늘리는 데 몰두했다.

어쨌든, 일본의 외환보유고 총액에서 금이 차지하는 비율은 불과 2.2퍼센트밖에 되지 않는다. 즉, 지금부터라도 외환보유고에서 금의 비율을 높이려고 마음먹으면 얼마든지 높일 여지가 있다. 트로이온스당 200~300달러대였을 때 금을 샀다면 훨씬 싸게 살 수 있었을 것이라는 가정이나 투정은 관두자. 적어도 일본 정부는 400달러대나 500달러대에 샀던 금을 더 싼 값에 파는 어리석은 손실은 내지 않았다.

또 앞으로의 확대 여지라는 측면에서 보면 중국은 일본 이상이다. 그렇게 금준비를 크게 늘렸음에도 외환보유고 총액에서 금이 차지하는 비율은 아직도 1.6퍼센트밖에 되지 않기 때문이다. 그러므로 미국채나 미국 달러를 보는 중국의 시각이 비관적일수록 미국 국적의 금융자산에서 '무국적 통화'인 금으로 포트폴리오 구성이 변화할 것은 확실하다.

일본과 중국 이외에도 타이완은 인구에 비해 상당히 많은 423톤의 금준비를 보유하고 있다. 그러나 외환보유고 총액에서 금준비가 차지하는 비율은 4.2퍼센트로 많이 낮기 때문에 타이완 역시 아직 확대의 여지가 있다.

금을 헐값에 처분했다가 낭패를 본 유럽

그런데 유럽 각국의 상황은 전혀 다르다. 꽤 비싸던 시절에도 금을 계속 사들이며 끈기있게 외환보유고에서 상당한 비율을 금으로 보유하고 있었지만 결국 1990년대 후반 이후의 세계적인 신용 버블 팽창기에 이것을 유지할 수 없게 되어 헐값에 처분한 나라가 많다.

1996년부터 2009년 사이에 금준비를 크게 줄인 나라를 살펴보면 거의 유럽에 집중되어 있다. 유럽 중에서도 스위스, 네덜란드, 포르투갈, 오스트리아처럼 수수하지만 견실한 라이프스타일이 뿌리를 내린 나라와 영국이나 스페인처럼 세계적인 신용 팽창 버블에 앞장섰던 나라의 금준비 감소율이 특히 두드러졌다. 어떤 의미에서 영국이나 스페인처럼 신용 버블의 팽창에 적극적으로 가담한 나라가 '금처럼 전혀 이자를 낳지 않는 금융 상품은 가지고 있을 필요가 없다'는 생각으로 금준비를 줄이는 것은 자업자득이라고도 할 수 있다. 그러나 스위스나 네덜란드, 오스트리아 같은 나라는 국민성의 영향인지 부동산 거품에 거의 손을 대지 않았다. 그리고 금가격이 200~400달러대의 범위에서 변동하던 무렵에 상당량을 팔았지만 외환보유고의 40퍼센트 이상은 여전히 금으로 가지고 있다. 심지어 포르투갈은 금을 대량 매각한 뒤에도 외환보유고 총액에서 금이 차지하는 비율이 90.2퍼센트나 된다. 이 숫자는 앞으로 이른바 PIIGS(포르투갈, 아일랜드, 이탈리아, 그리스, 스페인)의 채무 위기를 어떻게 해결하느냐를 논의할 때 결정적 변수가 될 것이다.

이들 유럽 중견 국가는 수수하고 견실하게 축적해온 외환보유고의 포트폴리오가 금에 편중되어 있었다. 그러나 그 금이 1980년 1월의 갑작스러운 급등 이후 줄곧 다른 금융자산에 비해 너무나도 실망스런 수익을 내자 결국 견디다 못해 매각 카르텔을 결성해 내다팔기 시작했다. 그러나 금을 팔기 시작하자마자 금가격만이 상승하고 그 밖의 금융 상품은 전부 폭락하는 상황에 휘말려버렸다.

세계 각국의 외환보유고에서 금이 차지하는 비율은 미국 경제의 회복력에 대한 의문과 우려가 높아짐에 따라 점점 상승할 것이다. 그러나 이제 와서 유럽의 중견 국가들이 미국 달러, 영국 파운드, 스위스 프랑, 일본 엔화로 가지고 있는 외환보유고를 금으로 바꾸려 해도, 무역 실무를 위해 가지고 있어야 하는 외화를 제외하면 그렇게 많은 금액은 되지 않을 것이다.

미국의 이기주의는 계속된다
이렇게 보면 국경을 초월한 금의 움직임은 여러 가지 우발적 요인에 좌우되면서도 세계 문명의 성쇠와 밀접하게 관련되어 있음을 알 수 있다. 과거에 미국이라는 한 곳에 집중되어 있던 금준비는 현재 확실하게 세계 각국으로 분산되고 있다. 그리고 제2차 세계대전의 패전국인 독일과 이탈리아만으로는 다른 유럽 국가들이 방출한 금을 전부 흡수하지 못해, 전체적으로는 유럽에서 동아시아로 금이 유입되고 있다.

2010년에 미국 의회는 IMF가 보유하고 있는 금 가운데 약 400톤을 방출한다는 방침을 가결했다. 그러나 금이 이만큼 대량으로 방출된다는 소식이 보도되었음에도 금가격은 거의 떨어지지 않았다. 미국 의회에서 금 방출을 결의하기 전부터 중국 정부가 그 금을 거의 시가에 사들이겠다는 밀약을 맺어서 그렇다는 소문도 있었지만, 결국은 인도 정부에 매각한 듯하다.

만약 IMF라는 '국제 협조 금융기관'의 자산 처분에 관한 중요한 방침을 미국 의회가 이렇게 간단히 미국 정부에 유리한 쪽으로 바꿀 수 있는 것이라면 앞으로 IMF채라든가 세계은행채 등의 발행이나 상환에 대해서도 똑같은 이기주의적인 방침을 밀어붙일 것임을 각오해두는 편이 좋을 것이다.

국민들의 노력을 미국에게 선물할 필요는 없다

일본의 금준비 총액은 IMF를 포함시킨 순위로는 세계 8위, 국가만을 생각했을 때는 스위스에 이어 세계 7위다. 다만 톤수로 보면 7위인 스위스까지는 1,000톤 수준인 데 비해 이보다 한 자릿수 낮은

765톤에 머물렀다. 또 2000년부터 2009년까지 일본의 금지금 유출·유입 상황을 살펴보면, 11.7톤으로 간신히 유입 초과 상태이기는 하지만 순조롭게 외환보유고를 늘리고 있는 나라치고는 매우 적은 수준이다. 외환보유고 총액에서 금준비량이 차지하는 비율도 2.8퍼센트로 매우 낮다.

좀 더 마음에 걸리는 점은, 최근 1~2년 사이 일본의 금 수지가 유입 초과가 아니라 유출 초과 상태라는 사실이다. 결국 2010년에는 1월부터 9월까지 합계 27.7톤의 유출 초과를 기록했으며, 10~12월의 3개월 동안에도 유출이 계속되어 결국 2010년 전체로는 40톤의 유출 초과를 기록했다. 만약 현재의 금가격이 정말 윌렘 뷰이터의 말처럼 '6,000년간 계속된 버블'이 드디어 꺼지려 하는 것이라면 지금 금을 팔아 이익을 챙기자는 개인 투자자들의 판단은 올바른 결정일 것이다. 그러나 앞으로 미국과 유럽에서 상당히 장기간에 걸쳐 디플레이션이 계속된다면 디플레이션에 강한 거의 유일한 금융자산인 금을 지금 처분해버리는 것은 매우 아까운 일이다. 6,000년이나 계속된 트렌드는 단순한 '버블'이 아니며, 그럴 만한 이유가 있기에 상승하는 것이기 때문이다.

찌는 듯한 더위가 아직 가시지 않은 2010년 9월 중순, 일본뿐만 아니라 전 세계 금융계는 일본 정부와 일본은행의 엔화 매도·달러 매입을 통한 환율 개입 이야기로 떠들썩했다. 앞으로 가치가 상승할 것이 확실한 자산인 엔화를 팔고 앞으로 가치가 하락할 것이 확실한 자산인 미국 달러를 사려고 하는 것은 누가봐도 의아한 일이었다. 일본 국민이 열심히 벌어서 축적한 부를 미국에게 선물하는 셈이었으니 말이다. 이 사태가 벌어지기 전에 스위스의 중앙은행이 환율에 개입해 대량으로 스위스 프랑을 매도하고 유로를 매입했다가 거액의 손실을 본 일이 있었다. 이듬해 발표에 따르면 스위스 중앙은행은 이 환율 개입의 비용으로 260억 스위스 프랑이라는 거액의 손실을 봤다. 일본은 같은 맥락의 일에서 교훈을 얻어 환율 개입에 관해 재고할 수 있었다. 그렇지만 결국 엔화 매도, 달러 매입을 단행했다.

특히 과거 수년간에 걸쳐 '자국 통화의 가치를 훼손해 경제 전체가 좋아지는 일은 있을 수 없다'는 신념을 고수하여 외환시장에 개입하지 않았던 일본은행이 결국 정부와 언론의 압력에 굴복해 결과가 뻔히 보이는 방침을 따랐다는 것은 참으로 안타까운 일이다.

환율 개입에 실패한 일본 정부

일본 정부의 엔·달러 환율 개입이 실패로 끝날 수밖에 없었던 이유는 간단히 말해 엔화가 매우 강한 통화이기 때문이다. 과거 40년간 엔·달러 환율의 추이와 양국의 무역수지를 보면 금방 알 수 있을 것이다.

1971년의 이른바 닉슨 쇼크(미국 달러의 금태환 정지 선언) 이래 장장 40년에 걸쳐 달러에 대한 일본 엔화 가치는 계속 상승했다. 닉슨 쇼크 이전의 고정환율제에서 달러에 대한 엔화의 환율은 1달러 360엔이었으며, 닉슨 쇼크 당시의 환율은 1달러 308엔이 되었다. 당시와 비교하면, 미국 달러에 대한 엔화 가치는 개입으로 다소 엔화 약세가 진행된 1달러 83엔이라는 환율로 계산해도 4배 이상이 되었다. 이 4배 이상 상승한 환율이 무역에서 어떤 의미를 지니는지 생각해보자. 미국 달러로 값이 매겨진 물건을 엔화로 사려고 하면 40년 전에 비해 4분의 1 이하의 가격으로 살 수 있게 된다. 반대로 일본이 팔려고 하는 물건은 엔화로 표시한 가격이 똑같아도 미국 달러를 기준으로 볼 때 4배 이상 비싸진 것이다. 따라서 누구나 일본의 대미 수출은 급감하고 수입은 급증해 일본의 무역수지가 적어도 당시보다 흑자폭이 축소되었거나 적자로 돌아섰을 것으로 생각할 것이다.

그런데 사실은 정반대였다. 일본의 대미무역 흑자는 정점이었던 1990년대 초반에 비하면 감소했지만 변함없이 흑자를 유지하고 있다. 1970년대 전반보다 훨씬 많은 나라를 상대로 견실한 무역 흑자를 기록하고 있다. 게다가 1970년대에서 1980년대까지는 가격 동향이나 소비자의 취향에 따라 수출액이 큰 폭으로 변동하는 최종 소비재의 수출이 많았지만, 지금은 수출 품목의 70퍼센트 이상을 자본재와 중간재(예를 들면 전자 부품이나 공업 원재료)가 차지하고 있다. 이것은 외국의 제조업자가 자신들의 생산 공정에서 사용하는 것이라 품질이 좋은 일본 제품의 가격이 다소 비싸더라도 타국의 제품으로 갈아탈 가능성은 낮은 것들이다.

따라서 일본의 경상수지 흑자는 그냥 봐도 1970년대에 비해 훨씬 거액이 되었다. 덤으로 최근의 경상수지 흑자에 가장 공헌하고 있는 수지는 무역수지가 아니라 소득수지다. 소득수지는 일본이 외국에 투자 또는 융자한 자금에 대한 배당이나 금리 수입 총액에서 외국이 일본에 투자하거나 융자한 자산에 대한 배당이나 금리 지급 총액을 뺀 숫자다. 이것은 현재의 환율에 따라 매매 내용과 수량이 변하는 성질의 숫자가 아니라 과거의 투자나 융자가 수확기에 들어섰기에 얻은 과실인 분야다. 일단 흑자를 확립하면 엔화 강세로 흑자가 감소하든가 반대로 엔화 약세로 흑자가 확대되는 경우는 있어도 적자로 돌아서는 일은 거의 없는 그런 분야인 것이다.

엔화 강세 속에서도 경상수지 흑자를 유지한 일본

2011년 3월에 공표된 일본의 2010년 경상수지를 234쪽 [표6-2]에서 살펴보자. 2010년 여름 무렵에는 엔화 강세로 일본 경제가 붕괴될 것이라는 비관론이 일본 전역을 뒤덮고 있었다. 그 정점이었던 7월에 실제로는 어떤 일이 일어났을까? 수출은 전년 동월 대비 24.6퍼센트 증가한 5조 6,584억 엔, 수입은 전년 동월 대비 16.0퍼센트 증가한 4조 7,612억 엔, 수출에서 수입을 뺀 무역수지 흑자는 전년 동월 대비 105.7퍼센트 증가한 8,971억 엔이었다.

그런데 이렇게 무역수지 흑자액이 전년 동월에 비해 2배 이상이 되었지만 그래도 소득수지 흑자액보다는 적었다. 소득수지 흑자액은 엔화 강세로 전년 동월 대비 15퍼센트 감소했음에도 1조 558억 엔에 이르렀다. 그리고 이보다 더 놀라운 사실은 2010년의 소득수지 흑자액이 연간 11조 6,414억 엔으로 한 달에 1조 엔의 추이를 유지했다는 점이다. 즉 1달러에 94~95엔이었던 2009년 6월 이래 거의 일관되게 엔화 강세가 진행되었음에도 소득수지는 큰 폭의 흑자가 계속된 것이다. 요컨대 지금의 일본 경제는 엔화 강세가 상당히 진행되더라도 한 달에 1조 엔 이상, 연간 12조 엔 정도는 소득수지만으로 흑자를 낼 능력이 있다고 단언해도 무방하다. 이것이 설령 무역수지가 연간 약 7조~8조 엔의 적자를 기록하고 서비스 등의 기타 수지가 지금처럼 2조~3조 엔의 적자를 낸다 해도 경상수지 전체로는 균형을 유지할 수 있다는 뜻이다. 게다가 일본의 1년간의 무역수지가 적자가 되는 일은 거의 생각하기 어렵다.

일본의 대기업은 항상 연구 개발을 하지 않으면 낙오되는 치열한 경쟁의 세계에서 살고 있다. GDP 대비 기업 연구개발비의 비율은 세계 최고 수준인 3퍼센트 후반을 유지하고 있다. 그 뒤로는 한국이 3퍼센트 전반을 기록하고 있을 뿐, 미국과 유럽 각국은 모두 2퍼센트 전반에 머물러 있다. 그래서 일본 기업은 제품의 성능 기준이나 제조법이 고정되어 버린 분야는 후발 국가에 생산을 위탁하고, 항상 개선의 여지가 있는 새로운 분야를 개척하여 엔화 강세의 영향을 거의 받지 않는 강한 무역수지 구조를 지키고 있는 것이다.

[표6-2] **일본의**

(억 엔, %)

	2009년	2010년(P)	2010년 1월	2월	3월	4월
무역·서비스 수지	21,249	65,201	108	7,123	10,995	4,746
(전년 동월(기) 대비)	(12.4)	(206.9)	(-)	(927.6)	(613.6)	(-)
무역 수지	40,381	79,969	1,667	7,853	10,890	8,711
(전년 동월(기) 대비)	(0.3)	(98.0)	(-)	(298.8)	(756.6)	(421.4)
수출	508,572	639,203	46,242	48,783	57,161	55,871
(전년 동월(기) 대비)	(-34.2)	(25.7)	(40.9)	(47.7)	(45.7)	(42.9)
수입	468,191	559,234	44,574	40,930	46,271	47,150
(전년 동월(기) 대비)	(-36.1)	(19.4)	(8.0)	(31.8)	(21.9)	(26.0)
서비스 수지	-19,132	-14,768	-1,559	-730	105	-3,964
소득 수지	123,254	116,414	9,159	9,619	16,676	9,862
(전년 동월(기) 대비)	(22.2)	(-5.5)	(-7.6)	(-12.9)	(-1.8)	(-7.0)
	-11,635	-10,814	-448	-809	-2,106	-1,296
경상 수지	132,867	170,801	8,819	15,933	25,564	13,312
(전년 동월(기) 대비)	(-18.9)	(28.5)	(-)	(40.4)	(66.6)	(101.5)

■ 1. P는 속보치. 2. 반올림을 했기 때문에 합계가 맞지 않는 경우가 있다. 3. 자본 수지와 외화 준비 증감의 마이너스(-)는 자본의 유출(자산의 증가, 부채의 감소)을 나타낸다.
(출처) 재무성 홈페이지.

통화 절하 경쟁은 자국민을 궁핍하게 만든다

자국 통화의 절하 경쟁은 어떤 나라의 경제가 가장 한심한지 경쟁하는 것과 다름 없다. 누군가는 이를 타국을 궁핍하게 만들고 자국만 이익을 올리려는 이기적인 태도라고 생각할지도 모른다. 그런데 실제로는 정반대다. 자국민을 궁핍하게 만들고 기업만이 이익을 올

경상 수지

(억 엔, %)

5월	6월	7월	8월	9월	10월(P)	11월(P)	12월(P)	2011년 1월(P)
3,686	6,702	7,479	937	8,616	6,384	1,604	6,817	−4,838
(47.9)	(37.7)	(393.7)	(−51.2)	(50.7)	(4.4)	(−63.6)	(32.1)	(−)
4,027	7,620	8,971	1,706	9,110	9,129	2,597	7,688	−3,945
(2.3)	(25.5)	(105.7)	(−43.5)	(50.6)	(−2.6)	(−46.6)	(23.2)	(−)
50,336	55,629	56,584	49,094	55,391	54,143	51,459	58,511	47,562
(34.0)	(29.1)	(24.6)	(16.0)	(15.7)	(8.8)	(9.3)	(14.0)	(2.9)
46,309	48,009	47,612	47,388	46,281	45,014	48,862	50,824	51,506
(37.7)	(29.7)	(16.0)	(20.6)	(10.7)	(11.5)	(15.7)	(12.8)	(15.6)
−337	−918	−1,493	−768	−495	−2,745	−993	−871	−893
9,259	4,607	10,558	11,450	12,346	8,832	8,229	5,817	10,137
(−21.3)	(−46.2)	(−15.0)	(8.0)	(14.4)	(3.9)	(13.0)	(21.6)	(10.7)
−722	−730	−850	−959	−787	−854	−571	−681	−680
12,226	10,578	17,187	11,429	20,175	14,362	9,262	11,953	4,619
(−6.8)	(−17.3)	(29.3)	(−3.4)	(28.0)	(2.9)	(−15.7)	(30.5)	(−47.6)

리는, 국민 경제로서는 교활하고 아주 우둔한 정책이다.

자국의 통화가 저렴해진다는 것은 어떤 의미일까? 외국으로부터 구입하는 온갖 물건과 서비스의 가격이 자국 통화를 기준으로 볼 때 비싸진다는 뜻이다. 그만큼 국민 모두가 손해를 본다. 다만 기업, 특히 그중에서도 수출 의존도가 높은 기업은 이득을 본다. 실질 가치로 치면 똑같은 금액일 이익을 짧아진 잣대로 재기 때문에 겉으로 보기에는 이익이 커진 것처럼 보인다는 말이다. 그리고 사실은 이 점이 금융 업계가 거의 언제나 인플레이션을 옹호하고 디플레이션을 반대하는 가장 큰 이유이기도 하다. 금융 업계는 화폐 가치가 전혀 변하지 않는 세상에서 명목과 실질 증익률이 7퍼센트로 동일한 것보다, 실질 증익률은 똑같이 7퍼센트여도 인플레이션이 연간 약 3퍼센트씩 진행되어 명목 증익률은 10퍼센트인 편이 화려하게 보이므로 아주 좋아한다. 반대로 실질 증익률이 똑같이 7퍼센트여도 연간 약 2퍼센트의 디플레이션이 진행되어 명목 증익률은 5퍼센트인 것은 아주 싫어한다. 그리고 이것은 모두 화폐 환상에서 비롯된 것이다.

일본의 수출품 중에는 가격탄력성이 낮은 것이 많다. 다른 나라에서 보면 아무리 비싸도 특정 산업에서 좋은 품질의 제품을 만들고 싶으면 일본제 자본재나 중간재를 사용할 수밖에 없기 때문에 계속 수입해야 하는 제품이 대부분이다. 이 무역수지를 벌어들이는 제품군이 전체적으로 가격탄력성이 높은 범용품이냐 아니면 전체적으로 가격탄력성이 낮고 차별화가 가능한 제품이냐는 매우 중요한 문제다. 무역이 세계 경제에서 만들어내는 가치를 창출·확대하는 방향으로 나아가느냐 아니면 축소·훼손하는 방향으로 나아가느냐로 직결되기 때문이다.

중국뿐만 아니라 미국도 저가 경쟁에 돌입했다

자국 통화의 가치를 낮춰서 무역수지를 개선하려고 하는 나라는 질적으로는 최소한으로만 만족하고, 그 다음은 가격을 최대한 싸게 조정할 수 있는 제품군으로 승부하려고 한다. 그러면 신제품이나 신공법 개발에 사용할 수 있는 예산이 줄어들어 획기적인 신제품·신공법은 거의 도입하지 못하는 기업만 늘어나고 만다. 자국의 수출품이 충분히 차별화되지 않기 때문에 점점 품질을 도외시한 제품을 싸게, 많이 파는 데에만 집중한다. 현업 종업원의 임금도, 스태프 직원의 급여도 최대한 절약해 제품을 싸게 파는 데에만 경영 노력을 쏟아붓는 것이다. 자국 경제가 번영할수록 나라 전체의 임금도 상승하므로, 나중에는 좀 더 경제발전이 늦은 나라의 값싼 노동력을 사용하고자 생산 거점을 옮기기도 한다. 결국 자국 경제의 공동화(空洞化)를 초래한다. 지금은 중국뿐만 아니라 미국도 이런 가격탄력성이 높은 제품군의 수출을 축으로 삼은 경제 성장을 지향하고 있다.

반대로 가격탄력성이 낮은 제품이 수출품의 대부분을 차지하는 나라는 선순환이 자리를 잡는다. 똑같은 기술로 제조를 계속하면 반드시 흉내를 내는 기업이 나타나기 마련이므로 항상 연구 개발을 게을리하지 않고 신제품과 신공법, 신소재를 개척해야 한다. 다만 제품의 물리 성능이나 구조 규격, 최적 공법이 확고해지지 않은 제품은 기본적으로 기업이 주도권을 쥐고 가격을 설정할 수 있기 때문에 일본처럼 임금이 비싼 곳에서도 계속 제품을 만들 수 있다.

또 제조공정 자체가 부단히 시행착오를 반복하는 현장에서는 임금이 높아도 임원부터 임시직에 이르기까지 교육 수준이 상당히 높아, 연구 개발 스태프에게 의미 있는 피드백을 할 수 있는 노동자를 고용하는 편이 결국 이득이 된다. 물론 조립이나 포장 같은 작업까지 자국 내에서 할 필요는 없지만, 최첨단 기술의 실용화·상업화와 관련된 공정은 자국에서 하는 편이 기밀 유출 방치라는 관점뿐만 아니라 종합적으로 비용을 판단할 때도 합리적인 것이다.

이와 같이 항상 기술 개발의 첨단을 달리는 경영이라는 발상은 결코 '영리한' 경영자가 선택하는 길이 아니다. 미국과 유럽 같이 엘리트의 지적 능력이 정말 높은 문명권에서는 일단 획기적인 기술 혁신을 이룩하면 후발 회사의 시장 참가를 방해해 유사 독점 혹은 걸리버형 과점 같은 사실상의 독점을 형성하는 데 지적 능력을 집중한다. 그래서 어떤 분야에서 특출한 기술력을 보유한 기업이 나올 때마다 산업 전체가 그 기업의 걸리버형 과점 체제로 재편되고 기술 수준의 진보도 그 상태에서 멈춰 버린다.

물론 그 기업의 경영자는 큰 이익을 얻겠지만 산업 전체의 진보 성장은 저해된다. 결국 기술이 범용적이 되어 진부해짐에 따라 후진국의 가격 경쟁에 직면해 산업 전체가 공동화되는 사태를 피할 수 없으며, 혹은 걸리버형 과점기업이 스스로 자국의 값비싼 노동력을 외면하고 임금이 저렴한 나라로 생산 기반을 옮기고 만다.

아담 스미스의 이상에 가까운 나라

제2차 세계대전 이후 일본을 연구한 미국과 유럽의 제1세대 연구자들은 일본이 서구적인 극소수 과점기업에 시장지배력을 집중시킨 결과 전후의 고도성장을 이룰 수 있었다고 믿었다. 그리고 그 집중을 실현한 장본인은 유능한 관료들이었다고 생각했다. 그러나 사실은 그와 정반대로, 일본은 대부분의 산업에서 유력 기업이 가격지배력을 갖지 못했던 시장경제였다. 물론 경제기획청(지금의 내각부)이라든가 통상산업성(지금의 경제산업성), 대장성(지금의 재무성)의 관료들은 그들의 눈으로 봤을 때 '너무 많은' 과점기업을 도태시키고 한 개에서 세 개의 유력 기업을 키우려 했다. 그러나 그런 시도는 어떤 산업 분야에서든 절대적인 가격지배력을 줄 만큼 강대한 기업은 만들지 않겠다는 소비자 대중의 강력한 반대에 직면해 무산됐다.

자국 통화의 환율이 40년 동안 네 배나 상승했음에도 무역수지 흑자를 유지해 온 일본 경제의 힘은 사실상의 독점 기업이 성장하지 못하는, 독점적으로 높은 이윤을 벌어들이는 기업이 없었던 것에 있다. 그 결과 국민경제 전체에서 일본 기업의 이익률은 미국과 유럽에 비해 두드러지게 낮아졌다. 즉 일본 기업이 국내외에서 벌어들인 돈 가운데 상당 부분은 과점기업끼리 치열하게 경쟁한 결과 더 싸고 고품질의 물건이나 서비스가 제공되는 형태로 소비자에게 환원되어 온 것이다. 덕분에 일본의 소비자층은 비교적 소득 수준이 낮은 사람도 일상생활의 소비에 소득을 다 사용해 버리지 않고 나름 저축도 할 수 있었다.

[표6-3] **미국, 스웨덴, 일본의 계층별 자산 보유 비중**

	제5단위	제4단위	제3단위	제2단위	제1단위
미국	84	11	4	0.2	0.1
스웨덴	36	21	18	15	11
일본	32	20	18	17	13

■ 미국과 스웨덴은 자산 순위에서의 5단위 계층별 보유자산 비율. 일본은 소득 순위에서의 5단위 계층별 보유자산 비율.

 미국의 가계 금융자산은 자산 수준 상위 20퍼센트의 부자들이 거의 독점하고 있다. 그런데 일본의 금융자산 분포를 살펴보면 ― 자산 수준별 집계는 안타깝게도 입수하지 못했지만 ― 소득 순위에서는 매우 평등성이 높은 분포를 보인다. [표6-3]을 보자.

 최상위 20퍼센트라 해도 다음 5단위(상위 20퍼센트대에서 40퍼센트까지)보다 자산을 두 배 더 가지고 있지는 않으며, 하위 3단위(즉 소득 수준이 40퍼센트대에서 60퍼센트까지, 60퍼센트대에서 80퍼센트까지, 그리고 나머지 20퍼센트의 세 그룹)는 거의 같은 액수의 금융자산을 가지고 있다. 금융자산이 이렇게 균등하게 배분될 수 있었던 이유는 소비자에게 유리하고 기업에 불리한 소득 분배가 계속되었기 때문일 것이다.

 기업에게(특히 대기업에) 좋은 일이 국민경제 전체에도 좋은 일이라는, 진짜 시장경제주의와는 무관한 엘리트주의 경제'학'에 완전히 세뇌된 외국의 지식인들은 일본 경제의 저력을 알지 못한다. 특히 저금리 자체가 '강한 경제'의 증거라는 것을 알지 못한다. 원래 건전하고 효율적인 시장경제에서는 정부나 중앙은행의 쓸데없는 시장 개입이 없으면 금리는 자연스럽게 낮아지기 마련이다. 근대 경제학의 시조라고도 할 수 있는 애덤 스미스(Adam Smith, 1723~1790)는 발전을 계속하는 시장경제를 다음과 같이 전망했다.

다만 효율적인 기업만이 간신히 시장 금리수준의 영업이익률을 확보할 수 있으며, 그보다 효율이 나쁜 기업은 탈락한다. 시장 금리 자체도 한없이 제로에 가까워진다. 즉 성실하게 일하는 노동자만이 평균적인 임금을 얻고, 성실하게 일하는 기업가만이 시중금리 수준의 수익을 올리며, 게다가 시중금리는 한없이 제로에 가까워진다. 그러므로 최종적으로는 모두가 열심히 일하는 한 평균적인 임금을 획득하지만, 그 임금은 종래에 지대(地代)나 기업의 이익, 금융기관의 금리로 빼앗겼던 분량이 전부 노동자에게 환원된 것이므로 매우 풍요로운 생활을 가능케 하는 수준이 된다.

일본은 애덤 스미스가 그린 이상적인 시장경제의 모습에 가장 근접한 나라다. 현재 일본의 완만한 디플레이션과 낮은 시중금리, 낮은 기업 이익률은 애덤 스미스가 이상적으로 여긴 사회로 진화하는 과정이라고 볼 수 있다. 기업 이익률이 낮다고 기업 전체의 효율이 나쁘다고 하는 것은 시장경제에서 경쟁의 역할이 무엇인지 제대로 이해하지 못하면서 경제를 아는 척하는 소리로밖에 들리지 않는다. 일본 엔화가 미국 달러나 유로, 영국 파운드에 대해 계속 상승하

[그림6-4] 일본의 경상수지(달러 표시)와 엔·달러 환율(1965~2010년)

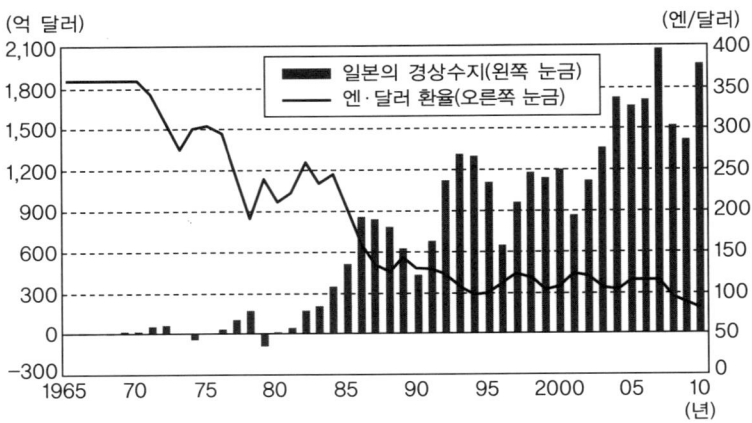

고 있다는 사실은 일본 경제가 미국과 유럽 경제보다 강하다는 확고한 증거라고 생각한다.

1970년대 초반에는 미국 달러를 기준으로 불과 0.3센트였던 1엔의 가치는 현재 1.2센트로 네 배나 증가했다. 그런데도 일본의 경상수지는 1974~1975년, 그리고 1979년에 약간 적자를 기록한 것을 제외하면 일관되게 흑자를 유지하고 있다. 일본의 2010년 경상수지를 다시 한 번 살펴볼 때 주목해야 할 점이 있다. 엔화 기준으로는 아직 2007년에 기록한 사상 최고의 경상수지 흑자에 못 미치지만 미국 달러 표시로 보면 사상 최고액에서 불과 4.8퍼센트 모자란 수준까지 회복이 진행되었다는 사실이다.

만약 정말 엔화 강세가 경상수지를 악화시킨다면 일본은 1970년대 이후 일관되게 경상수지 적자가 확대되었을 것이다. 그러나 [그림6-4]를 보면 그 정반대, 즉 엔화 강세가 진행될수록 경상수지 흑자가 확대되는 패턴이 계속됨을 한눈에 알 수 있다. 즉 앞으로도 엔화 강세는 계속될 것이며 일본 경제는 견실한 성장을 유지할 가능성이 높다. 그리고 이는 미국 달러나 미국채, 유로나 유로채, 영국 파운드나 파운드화 표시 채권이라는 형태로 외화를 보유하면 반드시 가치가 감소한다는 뜻이기도 하다. 일본 엔화에 비해 가치를 유지하지 못하는 이런 페이퍼머니가 아니라 확실하게 가치를 보전할 수 있을 자산을 보유하지 않으면 위험하다는 말이다.

일본 경제의 강점

일부에선 엔화 강세가 일본을 파멸시킬 것이라는 우려의 목소리가 아직도 있다.

일관되게 무역수지 흑자를 유지해왔기 때문에 일본 경제가 취약한 가운데서도 엔화는 계속 상승했다. 그러나 이 유지 자체가 불가능했던 트렌드도 드디어 끝나려 하고 있다. 미국인이 원하는 저렴한 제품은 중국, 베트남, 인도네시아, 아시아의 기타 개발도상국이 훨씬 싸게 만들 수 있다. 그래서 일본의 무역수지 흑자액은 격감하기 시작했다.
— 테일러 더든, 『일본 경제가 붕괴될 때』

1970년대에도 저렴한 제품은 개발도상국이 더 싸게 만들 수 있었다. 그러나 당시는 미국의 대중 시장(Mass Market) 자체가 더 실질 소득이 높은 소비자층을 타깃으로 삼았기 때문에 일본 제품의 비중이 높고 개발도상국 제품의 비중이 낮았던 것뿐이다. 과거 20년 동안 걸리버형 과점기업과 대형 금융기관의 약탈 경제로 현재 미국의 대중 시장은 완전히 빈곤화(Bottom of the Pyramid)되었다. 분명히 일본의 기술 수준과 임금 수준으로는 아무리 애를 써도 현재 미국의 대중 시장이 원하는 저렴한 제품을 만들지 못한다. 그래서 1992년에 미국의 수입 공업제품 가운데 19퍼센트를 차지하기도 했던 일본 제품의 점유율은 최근 들어 8퍼센트까지 떨어졌으며, 일본이 잃어버린 점유율을 중국·홍콩의 제품이 차지하고 있다. 그러나 이것은 일본 경제의 무역수지·경상수지에 별다른 영향을 주지 못했다.

가장 큰 이유는 일본의 가계의 건전성에 있다. 선진국 중에서도 독보적이다. 예를 들어 스페인, 영국, 미국, 일본의 가계 부채가 각 나라의 가처분소득과 GDP, 금융자산에 대해 어느 정도의 비율인지 비교해보자. 스페인과 영국은 부채 비율이 가처분소득이나 금융자산에 비해 훨씬 크며, GDP와 비교해도 90퍼센트가 넘는다. 당분간 이 부채를 줄이기 위해 경제활동 전반을 위축시킬 수밖에 없을 것이다. 미국도 마찬가지로 GDP나 금융자산에 대한 가계 부채의 비율이 매우 커졌다. 게다가 미국에서는 극소수의 초거대 부호가 가계의 금융자산 중 대부분을 차지하고 있으므로 이런 초거대 부호를 제외하면 실제 비율은 엄청나게 높아질 것이다. 어떻게 생각해도 당분간 개인 소비가 활발해질 징조는 없다고 단언할 수 있다.

그에 비해 일본의 가계는 금융자산에 대한 부채의 비율을 2000~2006년 사이에 큰 폭으로 줄였다. 마치 2007년 이후 세계적인 금융 위기가 발생할 것을 예상이라도 한 듯한 절묘한 타이밍이다. 그리고 일본 부채 전체의 대 GDP 비율도 긴 조정 기간을 거쳐 지금은 버블이 부풀어 오르기 전인 1985년 수준까지 줄어들었다.

자국 통화 가치가 떨어진다면 어떻게 해야 할까

이렇게 건전한 재무 체질을 구축하고 게다가 수출품은 가격탄력성이 낮은 자본재·중간재로 특화한 일본 경제가 자국의 소비자를 궁핍하게 만드는 통화 절하 경쟁에 가담해야 할 이유는 딱 하나밖에 없다. 일본의 외환보유고의 대부분을 차지하고 있는 달러를 보호하는 것 말이다. 일본 엔화 가치를 미국 달러와 같은 수준으로 계속 훼손시켜 달러에 대한 엔화 가치를 유지하면 외환보유고의 가치가 감소하는 것을 막을 수 있다는 유혹에 빠질 위험이 있다.

물론 최상의 대책은 경상수지 흑자를 이 이상 축적하지 않는 것이다. 국민 경제의 목표는 풍요로운 소비를 누리는 것이지 미국 달러 지폐나 미국채 증서 같은 종잇조각을 모으는 것도, 귀금속을 쌓아두는 것도 아니다. 현재의 일본 경제는 매년의 경상수지 흑자가 지나치게 거대해 국민의 풍요로운 생활을 위해 사용해야 할 돈을 외환보유고로 쓸데없이 모아두고 있다. 게다가 미국 달러와 미국채처럼 앞으로도 지속적으로 가치가 훼손될, 오래 가지고 있을수록 손해를 보는 자산을 너무 많이 가지고 있는 것은 좋지 않다.

연간 10~12조 엔의 소득수지 흑자는 어쩔 수 없는 일일 것이다. 그러나 해외여행이나 해외 서비스의 구입으로 연간 2~3조 엔 정도의 적자는 유지할 수 있을 것이다. 따라서 연간 7~8조 엔 정도의 무역 적자를 안정적으로 내며, 게다가 수출을 억제하는 축소 균형이 아니라 수출을 조금씩 늘리면서 이보다 훨씬 빠르게 수입을 확대하는 것이 일본 경제 전체로서는 바람직한 모습일 것이다. 그럴 수만 있다면 외환보유고의 가치 감소가 두려워 어떤 통화를 보유해야 하느냐를 놓고 골머리를 앓을 필요도 없다. 그리고 일본인은 지금까지 풍요로움을 실감하지 못하던 생활에서 해방되어 풍요로움을 실감하는 생활을 즐길 수 있을 것이다.

문제는 이렇게 거대한 국제수지 구조를 하루아침에 바꿀 수는 없으며 상당한 시간이 걸린다는 점이다. 그 사이에도 일본의 외환보유고는 점점 쌓이고 그 가치는 점점 감소할 것이다. 따라서 가치 감소를 최소한으로 억제하기 위해서라도 지나친 미국 달러와 미국채 편중에서 벗어나 금의 비율을 높여야 한다고 생각한다.

만약 외환보유고를 엔화로 보유할 수 있다면 일본인이 굳이 금을 사야 할 이유는 없을 것이다. 과거 40년 동안 미국 달러에 대한 실적을 보면 일본 엔화는 금과 거의 동등하거나 금보다 조금 높은 수준을 보여왔다. 앞으로도 금보다 실적이 크게 떨어질 확률은 매우 낮을 것이다. 따라서 만약 외환보유고를 엔화로 보유할 수 있다면 그냥 엔화로 가지고 있어도 좋을 것이다. 그러나 자국 통화를 외환보유고로 보유할 수는 없다. 그리고 단기간에 일본의 경상수지를 거의 플러스마이너스 제로 수준까지 '악화'시키기도 거의 불가능하다. 그렇기 때문에 일본 국민은 미국 달러·미국채의 가치 감소에 대비해 금을 사야 하는 것이다. 물론 금 이외의 수입품 중에 일본인이 진심으로 가지고 싶어하는 것이 많다면 그것을 사서 경제 수지의 균형을 맞추는 편이 훨씬 일본인의 생활을 풍요롭게 할 수 있다. 그러나 그런 것이 많지 않다면 경상수지의 균형을 맞추기 위해 앞으로 15~20년에 걸쳐 가치 감소를 최소한으로 억제하면서 급할 때 쉽게 환금할 수 있는 자산을 사둬야 한다. 그것이 바로 금이다.

혹시라도 앞으로 일본 경제는 경상수지가 만년 적자로 전락하고 엔화도 약세의 시대가 올 거라고 걱정하는 사람이 있다면 걱정 마시라. 그렇다면 일본 국민은 무엇보다도 엔화가 아직 강세일 때 금을 잔뜩 사놓아야 한다. 세계 어디를 가든 지금 금을 사려면 1980년 1월에 기록했던 최고가의 두 배에 가까운 값을 치러야 한다. 그러나 일본에서만은 지금도 1980년에 기록했던 최고가의 절반 정도 가격에 금을 살 수 있다. 만약 정말 앞으로 엔화 약세가 진행된다면 금을 싸게 살 수 있는 기회는 지금밖에 없을지 모른다. 그리고 저렴할 때 사놓은 금은 엔화 약세와 경상수지 적자가 계속되는 시대에 일본인의 생활수준을 조금이라도 높게 유지하는 데 공헌할 것이다.

결국 엔화 강세·경상수지 흑자가 계속되든, 반대로 앞으로 엔화 약세·경상수지 적자로 전환되든, 일본인 전체가 지금보다 적극적으로 금을 사야 한다는 결론에는 변함이 없다. 그래서 나는 많은 개인 투자자들이 금 투자를 좀 더 친근하게 느끼기를 간절히 바란다.

7 장 ▶▶▶▶▶▶▶

CRISIS GOLD

금 투자 입문

마지막으로, 만약 독자 여러분이 실제로 금 투자를 시작하려 마음먹었다면 어떤 점에 주의해야 할지 살펴보도록 하자.

이 책을 처음부터 읽은 독자는 이미 눈치를 챘을지 모르지만, 나는 현물을 사는 것이 가장 안전하고 추천할 만한 투자라고 생각한다. 선물이라든가 금을 근거자산으로 삼은 ETF처럼 한 번 꼬아서 만든 투자 대상은, 금 현물만이 지닌 특성 즉, 유동성은 높은데 가격 변동성은 낮다는 이점의 대부분을 포기하는 셈이기 때문이다.

금 투자의 대표는 역시 금 현물이다

금 현물을 사기로 했다면 이제는 금 막대를 살 것이냐 주화를 살 것이냐 같은 단순한 선택만이 남는다. 어지간히 큰 거액을 거래할 사람이 아니라면 금 막대보다 주화를 사는 편이 무난할 것이다. 거래액에 따라 금 막대를 절반으로 자를 경우에는 꽤 무시할 수 없는 공임을 줘야 하므로 소액 거래가 많은 사람은 주화를 사는 편이 편리하다.

다만 순금 주화에는 두 가지 종류가 있음을 유념해야 한다. 하나는 투박한 디자인이면서 그때그때의 시세에 따라 무게로 가격이 결정되는 양목 화폐이다. 다른 하나는 세련된 디자인이면서 한 개당 가격이 처음부터 정해져 있는 명목 화폐이다. 양목 화폐인 순금 주화는 원기둥 모양의 금 막대를 얇게 자른 것처럼 생겼으며, 한 개에 들어 있는 순금의 양을 소액거래에 적합하게 줄인 단순한 상품이다. 한편 명목 화폐에는 가격만큼의 순금이 들어 있지 않다. 멋진 디자인이나 한 번에 발행한 화폐의 개수를 억제한 희소성 등의 요인에 따라 순금의 양보다 비싼 화폐로, 각종 행사를 기념해 발행되는 주화는 전부 이 명목 화폐다.

금 자체에 투자할 목적이라면 당연히 명목 화폐보다 양목 화폐를 선택해야 한다. 그런데 미국에서 발간된 몇몇의 금 투자 입문서에서는 양목 화폐보다 명목 화폐를 선택하라고 조언한다. 이것에 대해서는 과거의 망령이라고밖에는 할 말이 없다. 명목 화폐를 추천하는 이유를 조사해보면 루스벨트 대통령이 미국 국민에게 투자 자산으로서 금을 보유하는 것을 금지한 1933년으로 거슬러 올라간다. 당시 일반적으로는 금 보유가 금지되었지만 장식품과 함께 미술 공예품 혹은 골동품으로서 금화를 보유하는 것은 허용되었다.

그래서 투자용으로 순금 주화를 사려면 만에 하나 다시 금 보유가 금지되더라도 미술 공예품 혹은 골동품으로 간주되어 계속 가지고 있을 수 있는 명목 금화를 사라고 추천하게 된 것이다. 그러나 이것은 걱정할 일이 아니다. 요즘 세상에 정부가 국민에게 특정 자산의 보유를 금지한다든가 이미 국민이 가지고 있는 자산을 일방적인 가격에 접수하는 것은 너무나도 명백한 권력 남용이다. 그런 일이 두 번이나 일어날 리 없으며 일어나게 해서도 안 된다.

다만 금 현물 투자는 계속 가지고 있는 한 어딘가에 금을 보관하고, 그러면 보관료를 내야 한다는 난점이 있다. 그래서 일정기간 동안 보관료를 지급해야 한다는 난점을 해소하면서 그 기간 동안 금리 수입을 올릴 수도 있는 시스템이 만들어졌다. 골드 론(Gold Loan) 혹은 골드 리스(Gold Lease)라고 부르는 투자 상품이다. 기본적인 형태는 금을 생산하는 회사가 소비자에게 판 금 현물을 3년이나 5년 등의 기한을 정해 소비자에게 다시 빌리고, 빌린 기간 동안에는 금리를 지급하며, 약정기한이 오면 빌렸을 때와 같은 순도, 같은 중량의 금을 돌려주는 것이다. 금을 빌린 산금회사(産金會社)는 그 금을 현물시장에 팔아 금광 경영의 규모 확대나 탐광사업을 위한 자금으로 사용한다. 이 상품은 빌린 금 가운데 그 해에 상환해야 하는 양을 생산량보다 적게 억제한다면 산금회사에 그다지 큰 리스크가 되지 않는 구조다. 물론 그 해에 생산한 금을 시장에서 시가에 파는 대신 예전에 빌렸던 투자자에게 갚아야 하므로 금가격이 상승하면 그만큼 이익이 감소하기는 한다. 하지만, 제대로 된 산금회사라면 빌린 금을 팔아서 얻은 캐시플로(Cash Flow)를 활용해 경영규모의 확대나 탐광사업의 확충을 빠르게 진행함으로써 시간의 이익을 얻을 수 있을 것이다.

그러나 이 골드 론(리스)이라는 훌륭한 시스템도 '금가격은 계속 떨어진다'는 잘못된 생각을 가진 대형 금광회사가 선물 매도의 수단으로 활용하는 바람에 엉망이 되었다. 자사의 연간 산출량보다 훨씬 많은 양의 금을 빌려 금가격이 싸던 시절에 팔아버렸기 때문이다. 상환기간이 다가오자 팔았던 가격보다 훨씬 비싼 가격에 금을 사서 갚아야 했고, 그 차액은 고스란히 손실이 돼버린 것이다.

그 결과 대형 금광회사들은 당연히 골드 론(리스) 시장에서 철수하거나 규모를 크게 축소했다. 그래서 지금은 개인 투자자도 소액으로 응모할 수 있는 이 상품을 제공하는 금광회사를 찾기는 매우 어려워졌다. 그러나 조건이 맞는 상품 설계를 만난다면 진지하게 검토해볼 가치가 있다.

은의 투자 가치

은도 금과 마찬가지로 귀금속이니까 금융 위기의 시대에 높은 자산 가치 보전 능력을 발휘할 수 있으리라는 기대로 구입하려 한다면 절대 추천하지 않는다. 현재 은은 본위금속이라는 위치를 상실하고 상품의 일종이 되어 버렸다. 또한 상품 중에서도 가격변동성이 높은 편이라 인플레이션 헤지에는 도움이 되지만 디플레이션의 헤지에는 도움이 되지 않는다. 물론 '가격변동성이 높은 금융 상품일수록 투자하는 맛이 있지'라는 생각으로 은 투자에 뛰어들겠다면 굳이 막을 생각은 없다. 다만 위기와 동란의 시대에 안정된 가치를 보전하고 싶다는 투자 목적과는 정반대의 하이리스크 하이리턴(High Rish High Return) 상품임은 기억해두기 바란다.

19세기 중반까지 은은 금과 어깨를 나란히 하는 본위금속이었다. 융성기의 유럽 각국은 금본위제로 수렴해가는 과정에 있었지만, 무굴제국과 대청제국이라는 아시아의 2대 인구권은 은본위제를 채택하고 있었다. 그러나 1850~1860년대에 걸쳐 이 두 대국의 은본위제 경제는 빠른 속도로 무너졌다.

무굴제국은 인도 대륙의 대부분을 지배했지만, 말기에는 사기업인 영국 동인도회사(East India Company)가 실질적인 통치권을 가진, 뭔가 이해하기 힘든 이슬람교 제국이었다. 결국 세포이항쟁을 간신히 진압한 영국은 무굴제국을 멸망시켰고, 인도는 영국의 직할령이 되었다. 그 무렵, 영국이 인도에서 재배한 양귀비에서 아편을 정제해 중국에 대량으로 수출함으로써 영중 무역은 이전까지 영국의 수입 초과였던 영중 무역은 중국의 수입 초과로 역전되었다. 청나라 정부는 이 아편 무역을 저지하려 했지만, 오히려 아편전쟁과 애로호사건(제2차 아편전쟁)이라는 두 번의 전쟁에서 영국에 패해 유럽 각국과 굴욕적인 통상조약을 체결해야 했다.

즉 1860년대, 은본위제를 채택한 양대 제국이 한쪽은 형식적인 통치권조차 잃어버리고 다른 한쪽은 통치 능력에 심각한 의문이 제기되었다. 1866년, 이 시기에 아시아에서 활약하던 오버런드(Overend, Gurney&Company)라는 금융업자가 파산했다. 이 사건 자체는 어디에나 있을 법한 평범한 금융 파산이었지만, 이후 1870년대에 걸쳐 청나라와의 은 표시 무역결제 업무에 강점을 보였던 영국계 식민지 은행이 차례차례 사업을 청산하게 되었다. 그 전형적인 사례가 일본의 메이지유신을 금융·재정면에서 지원했던 영국동양은행(Oriental Bank Corporation)이었다. 한 번은 재건되었지만 결국 다시 한 번 파산해 사라지고 말았다. 청나라와의 은 표시 무역결제에서 중요한 역할을 담당했던 영국계 은행이 잇달아 파산해 영국계 식민지 경영 은행이 완전히 교체되었다는 사실은 은본위제 경제권 전체의 몰락이 얼마나 급격했는지를 상징적으로 보여주는 사건으로 생각된다.

이러한 국제금융의 조류 변화를 반영한 것이 금·은 가격배율이다. [그림3-2](81쪽)를 다시 한 번 보기 바란다. 1860년대까지 15~16에서 매우 안정된 추이를 보이던 금·은 가격배율는 1873~1895년의 대불황기에 20이 넘는 수준으로 급상승했다. 게다가 그후에는 지속적으로 20 이상의 수준을 유지했으며, 순간적인 예외를 제외하면 두 번 다시 20 미만으로는 내려가지 않았다. 결국 1873~1895년의 대불황은 본위금속으로서 마지막까지 남은 금과 은이 결승전을 벌여 결국 금이 승리했음을 확인하는 과정이 아니었나 싶다. 그후 국제금융 세계에서는 금본위권과 은본위권의 병존이나 금·은 복합 복위제가 아닌 금본위제 단일 체제가 역사의 흐름이라는 것이 기정사실처럼 여겨지며 유럽 각국이 일제히 금본위제에 합류했다.

이렇게 해서 은은 19세기 말을 기해 보조 화폐는 되어도 본위금속은 되지 못하는 상품으로 전락했다. 지금도 무국적 통화로서 위기의 시대에 빛을 발하는 금과는 다른 유형의 투자 대상이라고 생각하기 바란다.

ETF는 어떨까

금 현물을 근거자산으로 삼은 ETF(Exchange Traded Fund, 상장지수펀드)는 어떨까? ETF는 증권거래소에서 주식처럼 사고팔 수 있는 투자 신탁이다. 결론부터 말하면, 상품 설계를 볼 때 금 현물과 동등한 신뢰를 보내기는 힘든 면이 있다. 예를 들어 똑같이 금 현물을 근거자산으로 삼은 ETF라 해도 해약 시에 금 현물을 받을 수 있느냐 없느냐는 큰 차이가 있다. 비교적 순순히 금 현물로 지급해주는 ETF도 있지만, 아주 까다로운 절차를 거쳐야 금 현물로 상환해주는 ETF도 있기 때문에 대부분 시가 상당의 현금으로 타협하기도 한다. 어떤 면에서는 공정하지 못한 상품인 것이다.

금가격을 시가로 환산해서 현금으로 주니까 결국엔 상관이 없을

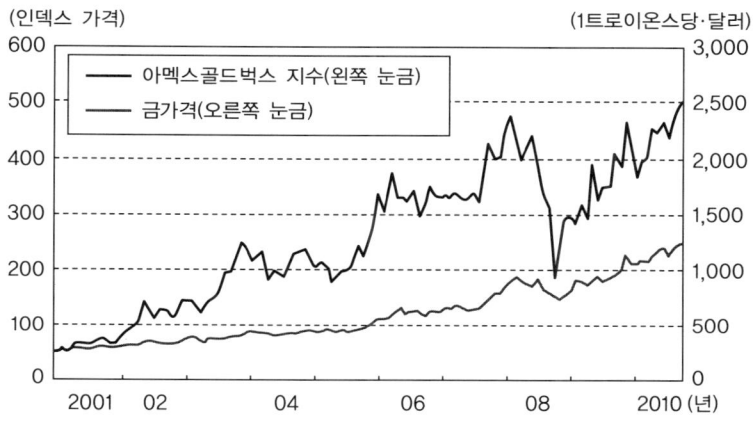

[그림7-1] 금가격과 금광주 ETF 가격(2001년~2010년 5월)

(출처) 블로그 'The Market Oracle' 2010년 12월 3일 기사를 바탕으로 작성.

거라고 생각하는 사람도 있을 것이다. 그러나 하이퍼인플레이션이 한창일 때 상환받는 경우를 상상해보라. 하루만 지나도 지폐의 가치가 크게 달라진다. 그럴 때 금지금으로 상환받을 수 있느냐 지폐로밖에 받지 못하느냐는 굉장히 큰 차이다.

어차피 금 현물에 비하면 추상도도 높고 가격변동성도 높아지는 ETF에 투자할 생각이라면 차라리 금광주의 포트폴리오를 근거자산으로 삼은 ETF에 투자하는 편이 깔끔할 것이다. 이런 ETF도 대기업 주체와 중소기업 주체, 혹은 탐광주를 포함한 것 등 다양화되어 있다. 그러므로 자신의 시장관과 투자 목적에 맞춰 리스크와 기대수익의 균형을 고려하면서 투자하면 될 것이다.

지금까지 여러 번 설명했지만, 디플레이션일 때 금가격 상승은 거의 확실히 더 큰 폭의 금광주 주가 상승으로 이어진다. 실제로 이번 금가격 상승도 점차 디플레이션일 때의 상승 분위기가 강해지고 있다. 이것은 대표적인 대형 금광주를 망라한 ETF인 아멕스골드벅스 지수(HUI)가 올린 실적을 살펴보면 확인할 수 있다. 앞 쪽의 [그림7-1]을 보라.

금광주의 개별 종목을 살펴볼 시간적인 여유는 없지만 금가격 상승률 이상의 상승률을 기대할 수 있는 금광주에 투자하고 싶다면 ETF가 간편한 투자 대상일 것이다.

금광주 개별 종목의 투자 가치

그리고 금광주의 포트폴리오를 근거자산으로 삼은 ETF를 투자 대상으로 고려한다면 여기서 한 발 더 나아가 개별 종목을 직접 검토하는 방법도 있다.

디플레이션 기의 금가격 상승은 일반 물가의 하락과 함께 진행된다. 따라서 금광 경영 기업으로서는 제품 가격의 상승과 원자재·기자재 가격의 하락이 동시에 일어나는, 매우 수익성이 높아지는 시기다. 당연한 말이지만, 대표적인 금광주는 이런 시기에 금가격의 상승률을 훨씬 웃도는 상승률을 달성한다. [그림7-2]는 1930년대의 대공황기에 디플레이션 속의 금가격 상승이라는 호재를 바탕으로 대형 금광회사 두 곳의 주가가 얼마나 상승했는지 나타낸 것이

[그림7-2] 대공황기(1929~1933년)의 금광주와 다우 평균 주가의 수익률

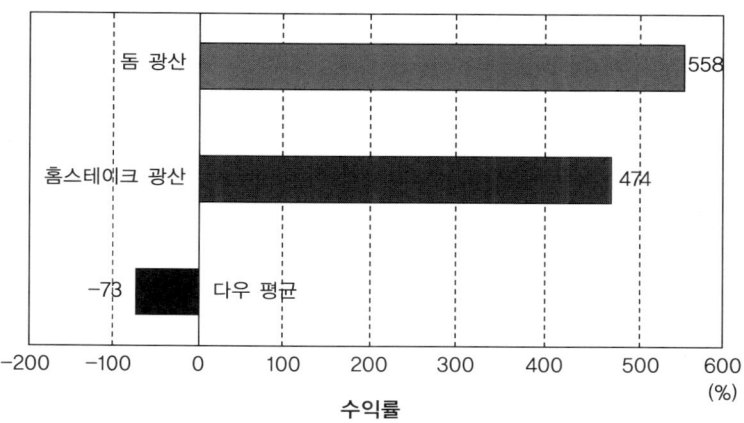

(출처) 블로그 'The Burning Platform' 2010년 8월 4일 기사를 바탕으로 작성.

다. 1929년부터 1933년까지 4년 동안 다우존스 평균 주가는 73퍼센트나 하락했지만, 캐나다의 돔 금광을 경영하는 돔 광산(현 플레이서 돔)은 588퍼센트, 대표적인 금광주인 홈스테이크 마이닝은 477퍼센트라는 큰 폭의 주가 상승을 기록했다. 참고로 같은 5년 동안 미국 GDP는 약 32퍼센트 감소했다. 한편 금가격은 금본위제 아래서 평가(平價)라는 속박에 묶여 있었기 때문에 이 기간 동안 20달러 67센트에서 35달러로 딱 한 차례, 약 70퍼센트 상승하는 데 그쳤다.

금과 관련된 개별 종목, 좋은 것을 찾아내면 분명히 높은 수익을 올릴 수 있겠지만, 이 업계는 수익 구조나 자산 구성이 다른 업계와 너무 달라서 어떻게 분석해야 하는지 어려움을 느끼는 사람도 많을

것이다. 그러나 사실 금광업은 누구나 손에 넣을 수 있는 공시 정보만으로 승부하는 개인 투자자나 방대한 데이터를 보유한 기관 투자자나 접하는 정보는 거의 격차가 나지 않는 분야다. 금광주 투자에서 개인 투자자가 덜 불리한 이유는 다음 두 가지 특징 때문이다. 첫째는 재고 리스크가 한없이 제로에 가깝기 때문에 재고량에 대해 객관적이고 상당히 정확한 수치 정보가 공시된다는 점이다. 그리고 둘째는 실용적인 측면에서 현금 흐름에 따른 현재 가치 환원법, 즉 DCF(Discounted Cash Flow Method, 현금흐름할인법)이라는 수익 예측 모델이 금광업에는 비교적 정확히 들어맞는다는 점이다. 현금흐름할인법은 현금 흐름을 적정한 할인율로 할인하여 구한 현재 가치로 기업의 가치를 측정하는 방법이다. 다른 산업에는 적용하기 어려움이 따른다.

 금광을 운영하는 기업은 판매경로라든가 재고 리스크와는 전혀 인연이 없는 경영을 하고 있다. 실제로 생산한 금의 판매에 골머리를 앓았다든가 재고를 끌어안고 발을 동동 구른 경험이 있는 금광회사는 전무할 것이다. 시장가격만 받아들이면 금은 반드시 팔 수 있다. 시장가격이 너무 낮아서 팔지 않고 재고를 쌓아놓았더니 다른 회사가 획기적인 신제품을 투입해 재고의 평가액이 더욱 하락하는 일도 절대 없다. 이것이 금이라는 상품의 특징이다. 아무리 오랫동안 재고로 보관하고 있어도 금은 반드시 시가에 팔 수 있다. 오래 묵혀놓았더니 금을 은가격에 팔 수밖에 없게 되었다든가 아연 가격에 팔 수밖에 없게 되는 일은 일어나지 않는 것이다. 요컨대 개별 종목을 분석할 때도 어느 정도를 생산할 계획인가, 과거의 생산 계획은 달성해왔는가, 금가격이 어떤 추이를 보일 것을 예측하는가라는 세 가지만 파악하면 판매망이나 가격 교섭력 같은 요인으로 분석에 차이가 나는 일은 없다.

게다가 제대로 된 금광회사의 생산 계획에 관해서는 그 토대를 이루는 가채조광량(당장 채굴해도 채산성이 있는 광석의 양)과 추측자원 매장량(현재로서는 채산성이 없지만 매장되어 있음은 거의 확실한 광석의 양)의 공시 정보도 신뢰할 수 있다. JORC라는 약칭을 사용할 때가 많은 '광물 자원량과 광석 매장량의 정보에 관한 대양주 규정'이라는 기준에 준거해 제3의 기관이 객관적으로 평가한 수치가 공시되기 때문이다. 즉 재고 리스크가 거의 없는 재고를 얼마나 가지고 있느냐에 대해 상당히 정확한 수치 정보가 공시되어 있다는 점이 금광 운영 회사의 첫 번째 특징이다. 연간 생산량이 어느 정도면 앞으로 몇 년 동안은 생산이 가능할 것이라는 사실을 똑똑히 알 수 있는 것이다.

첫 번째 특징과 밀접한 관련이 있는 이야기이지만, 금광 운영 회사만큼 DCF에 적합한 수익구조를 지닌 산업은 없다. DCF를 간단히 설명하자면 이렇다. 어떤 기업이 매년 만들어내는 입금액과 출금액의 차이를 캐시플로라고 하는데, 지금 가지고 있는 돈은 내년에 손에 넣을 돈보다 가치가 높다는 생각을 바탕으로 이 캐시플로를 일정 할인율로 할인해나간다. 이렇게 해서 영원한 미래에 걸친 총액을 이 기업의 적정 가치로 생각하고, 그것을 기발행 주식 총수로 나눈 값을 그 기업의 적정 주가로 생각하는 것이다.

언뜻 엄밀하게 기업 가치를 측정할 수 있어 보이는 모델이지만, DCF에는 커다란 결함이 있다. 성장기에 있는 일반적인 회사는 대체로 할인율을 웃도는 성장을 한다. 그런데 그 숫자를 DCF에 그대로 집어넣으면 기업의 가치는 무한대가 되어버린다. 이 말은 적정 주가도 무한대라는 말이다. 그래서 '어떤 기업도 영원히 성장하지 못한다. 그러므로 이 기업도 앞으로 X년 후에 이 정도의 규모에 도달하면 성장을 멈춰 DCF로 유한한 적정 가치를 산출할 수 있는 상태가 될 것'이라는 '전제'를 깔고 계산한다. 그런데 이것은 '우수한 의사'라면 사람은 언젠가 죽는다는 일반론을 바탕으로 특정 환자가 노쇠하기 시작하는 시기나 죽는 시기까지 '예측할 수 있을 것'이라는 터무니없는 논리와 같다. 언뜻 DCF는 정확하고 치밀한 계산모델로 보이지만, 사실은 분석자가 '성장 둔화와 쇠퇴기에 관한 전제'를 어떻게 만드냐에 따라 달라지는 모델이다. 개인 투자자 중에도 이 DCF 모델을 오랫동안 연구해보면 이 모델은 전제 하나만 바꾸면 어떤 결론이든 낼 수 있다는 사실을 깨닫게 될 것이다.

그런데 금광회사는 이 모델이 정말 정확하게 들어맞는다. 애초에 DCF 모델은 금광회사끼리 합병을 고려할 때 합병 상대의 기업 가치를 산출하기 위해 만든 기업가치 측정모델이다. 가장 큰 차이는,

금광회사의 경우 그 회사가 가지고 있는 특정 금광에서 산출되는 광석의 총량이 어느 정도인지 구체적인 상한선을 알고 있다는 점이다. 즉 DCF를 성장기의 기업에 적용할 때 발생하는 가장 큰 문제점인 가정, 현재 성장하고 있는 기업에 언제 어느 정도의 생산 규모에 이르렀을 때 쇠퇴하기 시작한다는 억지 가정을 할 필요가 없는 것이다. 그러므로 DCF는 가채조광량이 공시되어 있고 연간 생산 계획도 발표되어 있는 금광회사의 기업 가치를 분석할 때 매우 적합성이 높은 모델이다. DCF를 잘 알고 있는 사람은 꼭 금광회사의 기업 가치 분석에 도전해보기 바란다.

후기

2008년 연말, 나는 오랫동안 몸담았던 금융 업계를 떠날 결심을 굳혔다. 이번 금융 위기는 상당히 오래 계속될 것 같다는 느낌도 컸지만, 그 이상으로 마음에 걸리는 점이 있었다. 이따금 미국이나 유럽으로 출장을 가면 사회 전체가 어두워진 것이 분명히 느껴지는데, 거액의 정부 지원을 받으며 생명을 연장해온 대형 금융기관은 태평스럽게 고수입을 올리고 있다는 사실이 그것이다. 경기가 좋든 나쁘든 금융업은 비대해져 간다. 이런 경제는 뭔가 문제가 있는 것 아닌가? 나는 그렇게 생각했다. 이렇게 해서 금융 업계를 벗어났고 일본 유일의 금광 운영 회사로 자리를 옮겼다. 그리고 2년 5개월이 지났다. 예상치 못한 사건이 잇달아 일어나고 그것들을 하나하나 해결하다보니 순식간에 29개월이 지나간 느낌이다. 다만, 그런 가운데 금가격만은 평온하게 긴 호흡으로 상승 기조를 보이고 있다.

   지금의 국제금융계는 내장 질환에 반창고를 붙이는 것 같은 응급조치로 간신히 위기를 넘겨왔다. 그러나 그것도 오래 가지 못할 것이다. 그리 멀지 않은 미래에 서브프라임 모기지 사태가 우습게 보일 만큼 심각한 위기에 직면할 것이다. 유럽에서는 디플레이션인

데 금리만 오르거나, 상승하는 것은 금가격과 실업률뿐인 비참한 나라도 생길 것이다.

2011년 일본이 관측 사상 최대 규모의 지진에 휩쓸린 사건을 감안할 때 일본의 경제적 피해는 아마 선진국 중에서 가장 양호한 편이라고 생각한다. 당분간 국제금융 질서를 밑바닥부터 다시 세워야 하는 시기가 계속될 것이므로 비교적 경제적 피해가 덜한 일본조차도 당분간은 어려운 경제 환경을 견뎌야 할 것이다. 그런 어려운 시대에 자신이 쌓아온 자산 가치를 지키기 위한 열쇠는 과연 무엇일까? 나는 그것이 금이라고 확신한다. 그리고 그것을 알리기 위해 이 책을 썼다. 독자들은 위기의 시대에 어떻게 자산을 형성하고 방어해야 하는지에 대해 쓴 다른 책을 함께 읽고 비교해보기 바란다. 그런 다음 내 주장에 수긍이 가는 부분이 있다면 받아들이기 바란다.

최근 블로그 논단에서는 매우 양질의 데이터를 바탕으로 국제 경제·금융에 관한 논의가 활발히 진행되고 있다. 그런 자료의 도움을 받지 않았다면 이 책은 쓰지 못했을 것이다. 너무 많아서 일일이 이름을 나열하지는 못하지만, 모두에게 진심으로 감사를 표한다.

참고 문헌

1. 『남미 포토시 은광 - 스페인 제국을 뒷받침한 화수분 南米ポトシ銀山ーン帝國を支えた"打出の小槌"』

   아오키 야스유키 青木康征 | 주코신서 中公新書 | 2000년

2. 『금의 문화지 金の文化誌』

   아라키 노부요시 荒木信義 | 마루젠 라이브러리 丸善ライブラリー | 1994년

3. 『승려와 해상들의 동중국해 僧侶と海商たちの東シナ海』

   에노모토 와타루 價本涉 | 고단사 講談社 | 2010년

4. 『남아프리카 금광업의 신전개: 1930년대의 신광상 탐사에서 1970년대까지 南アフリカ金鑛業の新展開: 1930年代新鑛床探査から1970年代まで』

   사에키 모토 佐伯尤 | 신평론 新評論 | 2004년

5. 『세계의 역사 14 - 무굴 제국에서 영국령 인도로 世界の歴史14-ムガル帝國から英領インドへ』

   사토 마사노리 藤正哲, 나카자토 나리아키 中里成章, 미즈시마 쓰카사 水島司 | 주코문고 中公文庫 | 2009년

6. 『금이 말하는 20세기-금본위제가 흔들려도 金が語る20世紀-金本位制が搖らいでも』

   사바타 도요유키 鯖田豊之 | 주코신서 | 1999년

7. 『대공황 The Great Depression』

   데이비드 섀넌 David A. Shannon 편저 | Prentice Hall Trade | 1960년

8. 『메이지 정부와 영국 동양 은행 明治政府と英國東洋銀行』

   다테와키 가즈오 立脇和夫 | 주코신서 | 1992년

9. 『일본 경제와 외국 자본 - 1858~1939 日本經濟と外國資本 - 1858~1939』

   사이먼 제임스 바이스웨이 Simon James Bytheway | 도스이서방 刀水書房 | 2005년

10. 『부의 탄생』

    윌리엄 번스타인 William Bernstein 저 | 김현구 옮김 | 시아출판사 | 2008년

11. 『금, 인간의 영혼을 소유하다』

    피터 L. 번스타인 Peter L. Bernstein 저 | 김승욱 옮김 | 작가정신 | 2010년

12. 『금 이야기-화학 이야기3 金の物語-化學の物語』

    할 헬먼 Hal Hellman 저 | 다케우치 요시히토 竹内敬人 감수 | 지타 치에 藤田千枝 옮김 | 오오쓰키 서점 大月書店 | 2006년

13. 「일본 경제사 특론, 제3장 금본위제 정지 후의 환율 폭락·수출 회복·무역 마찰」

    미에 대학 사쿠라다니 가쓰미 연구실 홈페이지

14. 『황금 다이코 - 꿈을 실천한 천하인 黃金太閤-夢を演じた天下びと』

    야마무로 교코 山室恭子 | 주코신서 | 1992년

15. 『문명의 '혈액'-화폐로 본 세계사 文明の「血液」- 貨幣から見た世界史』

    유아사 다케오 湯淺赳男 | 신평론 | 1988년

16. 『프랑스 르네상스의 사람들 フランス・ルネサンスの人』

    와타나베 가즈오 渡邊一夫 | 이와나미문고 岩波文庫 | 1992년

17. 「San Francisco's Golden Era: A Picture Story of San Francisco before the Fire」

    Lucius Beebe and Charles Clegg | Howell-North | 1960년

18. 「Gold - A Six Thousand Year-Old Bubble,」

    Willem Buiter | Willem Buiter's Maverecon(blog) | November 8, 2009.

19. 「A History of Money: From Ancient Times to the Present Day」

    Glyn Davies | University of Wales Press | 2002년

20. 「The True Cost of a Global Obsession (세계적 강박관념의 진짜 비용)」

    내셔널 지오그래픽 National Geographic | January, 2009.

이 책의 논리와 주장은 전적으로 저자의 입장임을 밝혀둡니다. 또한 이 책의 목적은 금 투자에 대한 정보의 제공일 뿐, 책 속에 게재된 종목이나 매매 계획을 추천하지는 않습니다. 투자의 최종 결정은 자신의 판단·책임 아래 할 것을 권합니다.

세계 1% 투자자들만 알고 있는 금에 대한 비밀
위기와 금

초판 1쇄 인쇄 2012년 2월 10일
초판 1쇄 발행 2012년 2월 16일

지은이 마스다 에츠스케
옮긴이 김정환
감수 이지평
펴낸이 김선식

Chief Editing Creator 박경란
Editing Creator 송은경
Design Creator 김태수
Marketing Creator 이주화

1st Creative Editing Dept. 박경란, 신현숙, 김희정, 이정, 송은경
Creative Marketing Dept. 이주화, 원종필, 백미숙
　　　　　　Communication Team 서선행, 김선준, 전아름, 이예림
　　　　　　Contents Rights Team 이정순, 김미영
Creative Design Dept. 최부돈, 황정민, 김태수, 박효영, 이명애, 손은숙, 박혜원
Creative Management Dept. 김성자, 송현주, 권송이, 김태옥, 류수민, 윤이경, 김민아

펴낸곳 (주)다산북스
주소 서울시 마포구 서교동 395-27
전화 02-702-1724(기획편집) 02-703-1725(마케팅) 02-704-1724(경영지원)
팩스 02-703-2219
이메일 dasanbooks@hanmail.net
홈페이지 www.dasanbooks.com
출판등록 2005년 12월 23일 제313-2005-00277호

필름 출력 스크린그래픽센타　**종이** 월드페이퍼(주)　**인쇄·제본** (주)현문

ISBN 978-89-6370-779-2 (03320)

· 책값은 뒤표지에 있습니다.
· 파본은 본사와 구입하신 서점에서 교환해드립니다.
· 이 책은 저작권법에 의하여 보호를 받는 저작물이므로 무단 전재와 복제를 금합니다.

다산북스(DASANBOOKS)는 독자 여러분의 책에 관한 아이디어와 원고 투고를 기쁜 마음으로 기다리고 있습니다. 책 출간을 원하는 아이디어가 있으신 분은 이메일 dasanbooks@hanmail.net 또는 다산북스 홈페이지 '투고원고'란으로 간단한 개요와 취지, 연락처 등을 보내주세요. 머뭇거리지 말고 문을 두드리세요.